POLÍTICA, IDEOLOGIA E CONSPIRAÇÕES

A SUJEIRA POR TRÁS DAS IDEIAS QUE DOMINAM O MUNDO

GARY ALLEN
COM LARRY ABRAHAM

Tradução:
Eduardo Levy

AVIS RARA

Diretor editorial **PEDRO ALMEIDA**

Coordenação editorial **RENATA ALVES**

Editora-assistente **LETÍCIA CANEVER**

Tradução **EDUARDO LEVY**

Preparação **TUCA FARIA**

Revisão **GABRIELA AVILA**

Capa e diagramação **OSMANE GARCIA FILHO**

Imagem de capa © **ERHUI1979 | ISTOCK/GETTY IMAGES**

Imagem internas **REPRODUÇÃO, DOMÍNIO PÚBLICO, EXCETO: PP. 21, 41, 63 E 83, EVERETT HISTORICAL / SHUTTERSTOCK; P. 133, MATTHI / SHUTTERSTOCK**

Dados Internacionais de Catalogação na Publicação (CIP)
(Câmara Brasileira do Livro, SP, Brasil)

Allen, Gary
    Política, ideologia e conspirações : a sujeira por trás das ideias que dominam o mundo / Gary Allen, Larry Abraham ; tradução Eduardo Levy: Avis Rara.

    Título original: None dare call it conspiracy
    Inclui bibliografia
    ISBN: 978-85-62409-90-5

    1. Comunismo 2. Comunismo – Estados Unidos 3. Comunismo – História 4. Política e governo I. Abraham, Larry II. Levy, Eduardo III. Título.

17-00872   CDD-320.532

Índice para catálogo sistemático:
1. Comunismo : Ciência política   320.532

FARO EDITORIAL

2ª edição brasileira: 2025
Direitos de edição em língua portuguesa, para o Brasil, adquiridos por FARO EDITORIAL

Avenida Andrômeda, 885 – Sala 310
Alphaville – Barueri – SP – Brasil
CEP: 06473-000
www.faroeditorial.com.br

Sumário

Nota da Edição

A definição de "conservador" usada neste livro, lançado na década de 1970, está mais próxima do que chamamos atualmente de "liberal".

Introdução

A HISTÓRIA QUE VOCÊ ESTÁ PRESTES A LER É REAL. OS nomes não foram mudados para proteger os culpados. Este livro pode ter o efeito de mudar vidas. Depois de lê-lo você jamais enxergará como antes os grandes acontecimentos nacionais e internacionais.

Política, Ideologia e Conspirações é um livro bastante controverso, que recebeu pouca divulgação onde foi publicado — e aqueles cujos planos ele desmascara tentarão enterrá-lo por meio do silêncio. Entretanto, não há nada que possa frear um sistema de distribuição popular deste livro. Chegará o momento em que os indivíduos e as organizações aqui citados tentarão embotar o efeito do trabalho atacando-o, ou aos seus autores, pois têm imenso interesse em impedir que mais pessoas descubram o que eles estão fazendo.

Alguns "especialistas" vão tentar ridicularizar as informações deste livro; ignorarão o fato de que os autores admitem que algumas das suas ideias são teses, porque aqueles que sabem a verdade não têm a menor intenção de confessá-la; ou contestarão algum ponto que está aberto a discussão. Se necessário, mentirão para proteger-se. Por uma questão psicológica, muitos preferirão acreditar naqueles que empinam o nariz para as informações aqui presentes, porque todos gostamos de ignorar más notícias. Fazemo-lo por nosso próprio risco!

Por ter sido professor universitário, senador estadual e agora deputado, já convivi com verdadeiros profissionais em erigir cortinas de fumaça para acobertar as próprias ações por meio da destruição daquele que as revelou. Eu espero que você leia este livro com atenção, tire as suas próprias conclusões e não aceite as opiniões daqueles que, por necessidade, tentarão desmoralizá-lo.

John G. Schmitz
Deputado
25 de outubro de 1971*

---

* O livro foi originalmente publicado em 1971, e a introdução foi escrita no mesmo ano. Schmitz vaticinou o futuro do livro, algo que realmente se cumpriu. Apenas nos EUA contabilizou , na época, mais de 5 milhões de exemplares.

CAPÍTULO 1

Não venha me confundir com os fatos

Gerald R. Ford, em campanha à presidência dos EUA, anos 1970.

FOSSE QUANDO ÉRAMOS CRIANÇAS OU ENQUANTO brincávamos com nossos filhos, quase todos já tivemos a experiência de tentar descobrir a "imagem oculta" dentro de outra imagem em uma revista infantil. Geralmente vê-se um cenário com árvores, arbustos, flores e outros elementos da natureza, e a legenda diz mais ou menos o seguinte: "Oculto em algum lugar desta imagem está um burro puxando uma carroça com um menino dentro. Você consegue encontrá-lo?" Por mais que tentássemos, era quase impossível achar a imagem sem olhar na última página da revista, que revelava a resposta e a esperteza do artista em escondê-la. Quando analisamos o cenário, percebemos que a imagem completa foi desenhada de modo a ocultar dentro de si a "imagem verdadeira", a qual, uma vez enxergada, é a única coisa que se consegue ver.

Acreditamos que os desenhistas da grande mídia nos exibem cenários engenhosos que ocultam deliberadamente a imagem verdadeira. Mostraremos neste livro como encontrar a "imagem verdadeira" nos cenários que, todos os dias, os jornais, o rádio e a televisão apresentam para nós. Quando conseguir ver através da camuflagem, você verá o burro, a carroça e o menino que estavam lá o tempo todo.

Por exemplo, milhões de americanos, preocupados e frustrados com os problemas que se abatem sobre seu país, sentem que há algo errado, profundamente errado, mas não conseguem pôr o dedo na ferida certa por causa dos desenhistas.

Talvez seja esse o seu caso: alguma coisa o incomoda, mas você não sabe bem o quê. Os americanos continuam a eleger presidentes que prometem, com aparente sinceridade, impor limites aos gastos extravagantes do governo, matar o dragão da inflação, pôr a economia nos trilhos, frear o avanço do autoritarismo no mundo, reverter as tendências que estão transformando o país em um esgoto moral e botar os criminosos atrás das grades, onde é o lugar deles. Contudo, a despeito das elevadas esperanças e das estrondosas promessas de campanha, esses problemas ficam cada vez piores, não importando quem esteja no poder. Cada novo governo, seja republicano ou democrata, dá sequência às mesmas diretrizes fundamentais do governo anterior que tinha condenado amplamente na campanha eleitoral. Pega mal mencionar essas coisas, mas nem por isso elas deixam de ser verdadeiras. Existe alguma razão plausível que explique por que isso acontece? Espera-se que não pensemos nisso. Espera-se que imaginemos que tudo isso é coincidência e acidente e que, portanto, não há nada a se fazer a respeito.

Franklin Delano Roosevelt dizia que "em política, nada acontece por acidente. Se acontece, pode apostar que foi planejado para acontecer". Roosevelt sabia das coisas. Nós acreditamos que muitos dos grandes acontecimentos globais que estão moldando nosso destino ocorrem porque alguém ou algum grupo assim os planejou. Se estivéssemos diante de uma simples lei das probabilidades, metade dos eventos que afetam o bem-estar dos EUA deveria ser benéfico. Se estivéssemos diante de simples incompetência, os governantes errariam a favor do povo de vez em quando. Tentaremos provar que, na verdade, não estamos diante de coincidências nem de estupidez, mas de planejamento e brilhantismo. Este livro trata desse planejamento e desse brilhantismo e de como eles moldaram a política interna e a política externa de seis governos americanos.* Esperamos que ele explique questões que até agora pareciam inexplicáveis; que coloque dentro de foco com exatidão as imagens que têm sido obscurecidas pelos cenários pintados pela grande mídia.

Quem quer que acredite que grandes acontecimentos mundiais são resultado de planejamento é ridicularizado por crer na "teoria da conspiração da história", pois é claro que ninguém, em plena modernidade, acredita de verdade na teoria da conspiração da história — exceto aqueles que se dedicaram ao estudo do tema. Na verdade, existem apenas duas teorias da história: ou as coisas acontecem por acidente sem que ninguém as tenha planejado nem causado ou acontecem porque *foram* planejadas e causadas por alguém. Na realidade, é a teoria acidental da história pregada nos dessacralizados salões das universidades da Ivy League** que deve ser ridicularizada. Caso contrário, como se explica que todo novo governo cometa os mesmos erros dos governos anteriores? Por que esses governos repetem os erros que produziram, no passado, inflação, depressão e guerra? Por que o Departamento de Estado "tropeça" a cada passo numa nova "burrada" que beneficia os comunistas? Se acreditar que tudo isso é acidente ou resultado de fluxos históricos misteriosos e inexplicáveis, você será considerado um "intelectual" que entende que vivemos em um mundo complexo. Se acreditar que por volta de 32.496 coincidências consecutivas ao longo dos últimos quarenta anos força um pouquinho a lei das probabilidades, você é pirado!

Por que é que virtualmente todos os acadêmicos "respeitáveis" e colunistas "de renome" da grande mídia rejeitam a teoria de causa e efeito da história, isto é, a teoria da conspiração da história? Em primeiro lugar, porque a maioria dos acadêmicos segue o rebanho do mundo acadêmico

---

* Richard Nixon (1969-1974), Lyndon B. Johnson (1963-1969), John F. Kennedy (1961-1963), Dwight Eisenhower (1953-1961), Harry S. Truman (1945-1953), Franklin D. Roosevelt (1933-1945). (N. do T.)

** Ivy League é um grupo formado por oito das universidades mais prestigiadas dos Estados Unidos: Brown, Colúmbia, Cornell, Dartmouth, Harvard, Princeton, Universidade da Pensilvânia e Yale.

como muitas pessoas seguem a moda; nadar contra a corrente implica ostracismo social e profissional. O mesmo acontece na grande mídia. Embora catedráticos e analistas professem ser tolerantes e manter a mente aberta, na prática essa tolerância é uma via de mão única — com todo o tráfego correndo para a esquerda. Os esquerdistas do Reino da Torre de Marfim* e os formadores de opinião do *establishment* toleraram até maoístas, mas ser conservador — e pior: conservador proponente da visão conspiratória — é terminantemente proibido. É mais negócio ficar bêbado no meio de uma convenção proibicionista!

Em segundo lugar, essas pessoas desenvolveram ao longo dos anos grandes interesses escusos nos próprios erros, que as tornaram totalmente comprometidas, de ego e intelecto, com a teoria acidental. O exame das provas da existência de uma conspiração guiando nosso destino político nos bastidores obrigaria muitas delas a repudiar toda uma vida de opiniões acumuladas, e pouca gente admite de bom grado ter sido ludibriada ou ter se equivocado. É preciso ser alguém de personalidade forte para encarar os fatos e admitir que se enganou, mesmo que por falta de informações. Esse foi o caso dos autores deste livro. Foi só porque se dispuseram a provar que os conservadores anticomunistas estavam errados que acabaram por escrevê-lo. Sua reação inicial ao ponto de vista conservador foi de suspeita e hostilidade, e só depois de muitos meses de pesquisa intensa tiveram de admitir que haviam sido ludibriados.

Políticos e "intelectuais" têm atração pela ideia de que os acontecimentos são desencadeados por um misterioso fluxo histórico ou se dão por acidente, porque assim podem escapar da culpa quando as coisas dão errado. A maioria dos intelectuais, tanto os pseudo quanto os autênticos, finge que a teoria da conspiração da história não existe. Não tenta refutar as provas jamais, pois elas não podem ser refutadas. Quando a cortina de silêncio não

---

* A expressão Torre de Marfim designa um mundo ou atmosfera onde intelectuais se envolvem em questionamentos desvinculados das preocupações práticas do dia a dia. Como tal, tem uma conotação pejorativa, indicando uma desvinculação deliberada do mudo cotidiano.Em inglês, Ivory Tower presta-se um trocadilho com Ivy League, sugerindo algo como "Torre de Marfim da Ivy League".

funciona, os acadêmicos e formadores de opinião "objetivos" recorrem a escárnio, sátira e ataques pessoais — que tendem a desviar a atenção dos fatos que o escritor ou palestrante está tentando revelar; a ideia é forçá-lo a interromper sua explicação e perder tempo e esforço defendendo-se.

Porém, as armas mais efetivas usadas contra a teoria da conspiração da história são o escárnio e a sátira. Usadas com habilidade, elas são extremamente potentes para evitar qualquer tentativa honesta de refutar os fatos. Afinal de contas, ninguém gosta de ser ridicularizado. A fim de evitar o escárnio, a maioria se cala — e este tema é sem dúvida propício ao escárnio e à sátira. Uma das técnicas usadas para isso é a ampliação da conspiração até o absurdo. Por exemplo, nosso homem nos peçonhentos salões universitários pode dizer naquele tom arrogante de deboche: "Você deve acreditar que todo professor esquerdista recebe pela manhã um telegrama do quartel-general da conspiração com as ordens diárias para a lavagem cerebral dos estudantes". Alguns teóricos da conspiração de fato carregam nas tintas, estendendo a conspiração do pequeno círculo secreto em que ela consiste até a inclusão de todos os afetados da esquerda e burocratas do mundo. Ou, devido a intolerâncias raciais ou religiosas, pegam pequenos fragmentos de provas legítimas e os ampliam até chegar a uma conclusão que confirme seu preconceito particular, por exemplo, de que a conspiração é totalmente "judia", "católica" ou "maçônica". Em vez de ajudar a revelar a conspiração, essas pessoas, infelizmente, caem no jogo daqueles que querem que o público pense que todos os teóricos da conspiração são desmiolados.

Os "intelectuais" adoram um clichê empolado, do tipo "a teoria da conspiração é muito tentadora, porém simplista em demasia". Imputar absolutamente tudo o que acontece a maquinações de um pequeno grupo de conspiradores sedentos por poder *é* de fato simplista em demasia. Em nossa opinião, porém, nada é mais simplista do que se apegar de forma obstinada à visão acidental dos grandes acontecimentos mundiais.

Na maioria dos casos, os alinhados à esquerda simplesmente tacham de paranoico todo aquele que discute a conspiração. "Ah, vocês direitistas", dizem eles, "balançando todos os arbustos, revirando todas as pedras, procurando por bichos-papões imaginários". Depois vem o golpe de misericórdia: rotular a teoria da conspiração de "teoria demoníaca da história". As esquerdas adoram essa. Ainda que seja uma frase vazia, soa tão sofisticada!

Como as figuras importantes do mundo acadêmico e da mídia adotam essa atitude debochada com a teoria da conspiração (ou de causa e efeito) da história, não surpreende que milhões de pessoas inocentes e bem-intencionadas, tomadas pelo desejo natural de não parecer ingênuas, adotem as atitudes e repitam os clichês dos formadores de opinião. Na tentativa de parecer sofisticadas, elas copiam o ar de superioridade olímpica de seus mentores, embora não tenham destinado nem cinco minutos ao estudo do tema da conspiração internacional.

Os "acidentalistas" querem que acreditemos que é "simplista" atribuir qualquer um dos nossos problemas a planejamento, e que na verdade todos eles são causados pela tríade Pobreza, Ignorância e Doença — que doravante chamaremos de PID. Ignoram o fato de que os conspiradores organizados usam a PID, real e imaginária, como pretexto para construir uma prisão para todos nós. A maior parte do mundo sofre de PID desde tempos imemoriais, e seria incrivelmente superficial pensar que a sucessão de desastres empreendidos pelo governo dos EUA se deve à PID. Os "acidentalistas" ignoram o fato de que alguns dos países mais avançados do mundo foram conquistados pelos comunistas, como a Tchecoslováquia, que era um dos mais industrializados, e Cuba, que tinha a segunda maior renda *per capita* da América Central e do Sul.

Não é verdade, porém, que não existem membros da elite intelectual que subscrevem a teoria da conspiração da história. Por exemplo, temos o professor Carroll Quigley, da Foreign Service School, da Universidade de Georgetown. Ninguém pode acusar o professor Quigley de ser "extremista de direita" (a grande mídia fez com que estas palavras se tornassem inseparáveis). Quigley tem todas as credenciais "esquerdistas", já que lecionou nas mecas acadêmicas do *establishment* progressista: Princeton e Harvard. Em *Tragedy and Hope* [Tragédia e Esperança], de 1.350 páginas e quase 2,5 quilos, Quigley revela a existência da rede conspiratória que será discutida neste livro. O professor não apenas formula uma teoria, mas revela a existência daquela rede a partir de experiência direta. Ele também esclarece que é apenas ao sigilo da rede que tem objeções, não a seus objetivos. Quigley revela:

"Conheço as operações dessa rede porque eu a estudei por vinte anos e porque me foi permitido, no começo da década de 1960, ter acesso a seus papéis e registros secretos por dois anos. NÃO TENHO AVERSÃO NENHUMA A ELA NEM À MAIOR PARTE DOS SEUS OBJETIVOS, E DURANTE GRANDE PARTE DA MINHA VIDA ESTIVE PRÓXIMO DELA E DE MUITOS DOS SEUS DISPOSITIVOS. Já levantei objeções a algumas de suas políticas, tanto no passado quanto recentemente... mas no geral a principal diferença de opinião entre mim e ela reside no fato de que ESSA REDE DESEJA PERMANECER DESCONHECIDA, ao passo que eu acredito que seu papel na história é significativo demais para deixar de ser conhecido." (Grifo nosso)

Concordamos: seu papel na história merece ser conhecido. Esta é a razão pela qual escrevemos este livro. Entretanto, discordamos enfaticamente do objetivo dessa rede, que, segundo descreve Quigley, consiste em "nada menos que criar um sistema mundial de controle financeiro a cargo de mãos privadas capaz de dominar o sistema político de todos os países e a economia mundial como um todo". Em outras palavras, esse círculo secreto sedento de poder quer controlar e dominar o mundo. Ou, o que é ainda mais assustador: esse círculo secreto quer controle total sobre todas as ações individuais. Como observa o professor Quigley: "A liberdade e a escolha do indivíduo serão mantidas dentro de alternativas bastante restritas, visto que ele será numerado ao nascer e monitorado, como um número, ao longo da formação educacional, do serviço militar obrigatório ou de outros serviços públicos obrigatórios, das declarações de imposto de renda, das consultas e obrigações médicas, da aposentadoria e do seguro de vida." Essa organização quer ter controle de todos os recursos naturais, negócios, operações bancárias e transportes por meio do controle dos governos do planeta. A fim de alcançar esses objetivos, os conspiradores não tiveram nenhum escrúpulo em fomentar guerras, depressões e ódios. Eles querem um monopólio que eliminaria todos os competidores e destruiria o sistema de livre-iniciativa. E o professor Quigley, de Harvard, Princeton e Georgetown, *aprova* tudo isso!

Mas ele não é o único acadêmico que está ciente da existência de um círculo secreto de conspiradores que se autoperpetuam, a quem chamaremos de *Adeptos*. Outros estudiosos honestos, deparando sempre com os mesmos indivíduos nas cenas de incêndios políticos desastrosos, concluíram que obviamente existe uma organização de piromaníacos atuando no mundo. Embora sejam intelectualmente honestos, eles não têm dúvida de que suas carreiras seriam destruídas caso tentassem desafiar os *Adeptos* abertamente. Os autores deste livro sabem da existência desses homens porque têm contato com alguns deles.

Há também alguns líderes religiosos que estão cientes da existência dessa conspiração. Segundo relatou uma reportagem da United Press International (UPI), de 27 de dezembro de 1965, o padre Pedro Arrupe, chefe da Ordem Jesuíta da Igreja Católica, apresentou as seguintes acusações no Concílio Vaticano II:

"Essa sociedade sem Deus opera de maneira eficientíssima, ao menos nos mais elevados graus de sua liderança. Ela lança mão de absolutamente todos os meios que lhe estejam disponíveis, sejam eles científicos, técnicos, sociais ou econômicos. Ela segue uma estratégia perfeitamente preordenada. Detém sob jugo quase completo as organizações internacionais, os círculos financeiros, os meios de comunicação de massa; imprensa, cinema, rádio e televisão."

Para convencer as pessoas da possível existência de um círculo secreto conspiratório de *Adeptos* que manipula as políticas governamentais desde esferas muito elevadas, é preciso superar vários problemas. Neste caso, a verdade é de fato mais estranha que a ficção. Estamos lidando com o maior romance policial da história, um *thriller* de mistério perante o qual os romances de Erle Stanley Gardner* não são nada. Se você adora um mistério, ficará fascinado com o estudo das operações dos *Adeptos*. Se estudar de verdade a rede de que fala o professor Quigley,

---

* Erle Stanley Gardner foi um advogado criminalista e um prolífico escritor de histórias policiais e criador do famoso detetive Perry Mason. Ele faleceu em 1970, aos 82 anos, na Califórnia.

descobrirá que aquilo que a princípio parecia inacreditável não apenas existe, mas também influencia enormemente nossas vidas.

É preciso lembrar que o primeiro dever de qualquer conspiração, esteja ela instalada na política, no crime ou dentro de um escritório, consiste em convencer as demais pessoas de que não existe conspiração alguma. O sucesso dos conspiradores será determinado em grande medida pela sua capacidade de fazer isso. Que a elite do mundo acadêmico e da grande mídia sempre desdenhe a existência dos *Adeptos* serve apenas para camuflar as ações deles: os "artistas" escondem o menino, a carroça e o burro.

É possível que em algum momento você já tenha sido parte, ou pelo menos tido contato com alguém que foi parte, de um acontecimento que saiu na mídia, talvez algo que dissesse respeito a uma competição esportiva, a uma eleição, a um comitê ou ao seu trabalho. A reportagem continha a história "verdadeira", a história por detrás da história? Provavelmente não, por uma série de razões. O repórter pode ter tido problemas de tempo ou de espaço, e há grandes chances de os envolvidos não terem revelado todos os fatos de propósito. É possível que os próprios preconceitos do repórter tenham decidido quais fatos entrariam na matéria e quais ficariam de fora. O que queremos dizer é que a maioria das pessoas sabe, por experiência própria, que a história da notícia não é toda a história. Muitos de nós, porém, presumimos que nosso próprio caso é singular quando, na verdade, é típico. O que é verdadeiro na cobertura dos acontecimentos locais é igualmente verdadeiro na cobertura dos acontecimentos nacionais e internacionais.

Problemas psicológicos também desempenham um papel no modo como as pessoas olham as provas relativas aos *Adeptos*, pois em geral elas se sentem confortáveis com suas crenças e concepções. Todos ficaram abaladíssimos quando Colombo lhes disse que o mundo era uma esfera, e não uma panqueca: o que se pedia a eles era que rejeitassem o modo de pensar de toda uma vida para adotar uma perspectiva completamente nova. Os "intelectuais" da época debocharam de Colombo, e as pessoas ficaram com medo de perder prestígio social se lhe dessem ouvidos. Muitos outros simplesmente não queriam acreditar que a Terra era redonda. Crer nisso complicava demais as coisas. E os típicos crentes-da-terra-plana, cujos egos estavam intimamente ligados àquela visão prevalecente do universo, lançavam insultos contra Colombo por tê-la desafiado. "Não venha nos confundir com fatos; nós já nos decidimos", diziam eles.

Esses mesmos fatores estão em jogo hoje em dia. Como o *establishment* controla a mídia, quem quer que exponha os *Adeptos* será alvo de artilharia constante pelas injúrias de jornais, revistas, tevês e rádios. Eis como funciona a ameaça de perda da "respeitabilidade social" que se lança contra quem quer que ouse levantar a ideia de que existe organização por trás dos problemas que estão destruindo os EUA no momento. Infelizmente, para muitos o *status* social vem antes da honestidade intelectual. Embora jamais o admitam, para eles a posição social é mais importante do que a sobrevivência da liberdade nos EUA.

Se você lhes perguntar: "O que é mais importante, ter respeitabilidade social ou salvar os filhos da escravidão?", eles responderão, é claro, que isto é mais importante do que aquilo. Mas suas ações (ou a falta delas) são muito mais significativas do que suas palavras. Quando se trata da recusa de encarar ameaças à sobrevivência dos EUA, a capacidade de racionalização é infinita. Lá no fundo, as pessoas têm medo de que, se tomarem posição, serão ridicularizadas ou deixarão de receber convites para os jantares inteligentes de um alpinista social qualquer. Em vez de enfurecer-se com os *Adeptos*, ficam com raiva é daqueles que estão tentando salvar o país desmascarando os conspiradores.

Um fato que torna tão difícil para quem está preocupado com o bem-estar da sociedade avaliar objetivamente as provas da conspiração é que os conspiradores provêm dos estratos sociais mais elevados. São imensamente ricos, enormemente eruditos e extremamente cultos. Muitos deles são vistos como filantropos, reputação construída ao longo de toda uma vida. Ninguém gosta de fazer o papel de acusar pessoas proeminentes de conspirar para escravizar seus concidadãos, mas não se pode fugir dos fatos. Dois grupos em particular que são vulneráveis ao papo de "não pôr em risco sua respeitabilidade social" daqueles que não querem que a conspiração seja revelada são o dos empresários e o dos profissionais liberais. Os *Adeptos* sabem que se esses grupos não marcarem posição em prol da salvação do sistema de iniciativa privada, o socialismo, por meio do qual eles pretendem controlar o mundo, será inevitável.

Acreditam ainda que quase todos os empresários e profissionais liberais são demasiado superficiais e decadentes, demasiado preocupados com *status*, demasiado atolados nos próprios problemas profissionais para se importar com o que está acontecendo na política. Assim, essas pessoas são informadas de que tomar posição seria ruim para os negócios e poria em risco seus contratos com o governo. Compra-se o silêncio deles com o dinheiro que eles mesmos pagam em impostos!

Esperamos que os conspiradores tenham subestimado a coragem e o patriotismo que restaram no povo americano. Sentimos que existe um número suficiente de vocês que não foi hipnotizado pela televisão, que põe Deus, pátria e família acima do *status* social, que está disposto a se juntar para revelar e destruir a conspiração dos *Adeptos*. O filósofo Diógenes percorreu todos os cantos da Grécia antiga em busca de um homem honesto. Nós estamos percorrendo todos os cantos dos EUA em busca das centenas de milhares de homens e mulheres intelectualmente honestos que estejam dispostos a investigar os fatos e a chegar a conclusões lógicas — sem importar o quanto essas conclusões possam ser desagradáveis.

CAPÍTULO 2

Socialismo – A estrada real dos super-ricos para o poder

As fazendas coletivas foram uma imposição de Lênin à população russa, visando aumentar a produção de alimentos. Não funcionaram. A população se viu espoliada do direito à propriedade e os produtores passaram a consumir mais alimentos (restando, portanto, menos às cidades), visto que não havia mais retorno financeiro de seu trabalho no campo.

TODO O MUNDO SABE E NINGUÉM CONTESTA: ADOLF Hitler existiu. Aceita-se universalmente que esse maníaco infligiu terror e destruição ao mundo. Hitler veio de uma família pobre que não tinha absolutamente nenhum *status* social. Largou a escola no ensino médio e jamais foi acusado de ser culto. Mesmo assim, tentou conquistar o mundo. No início da carreira, ele se sentou em um subsolo mofado e despejou no papel os ambiciosos planos que tinha de dominação total. Sabemos disso.

Do mesmo modo, sabemos que existiu ainda um homem chamado Vladimir Ilich Lênin, que, como Hitler, não veio de nenhuma família de leões sociais. Filho de um pequeno burocrata, Lênin, que passou a maior parte da vida adulta na pobreza, foi responsável pela morte de dezenas de milhões de seres humanos e pela escravização de quase 1 bilhão de outros. Assim como Hitler, ele passava as noites em um subsolo úmido planejando a conquista do mundo. Sabemos disso também.

Não é possível, pelo menos em teoria, que alguns bilionários fiquem sentados, não em um sótão, mas em uma cobertura em Manhattan,

Londres ou Paris, sonhando o mesmo sonho de Hitler e Lênin? É preciso admitir que é possível teoricamente: Júlio César, rico aristocrata, ficou. E pode ser que esses homens se aliem ou se associem a outros de ideias semelhantes, não pode? César aliou-se. Esse grupo seria composto de pessoas imensamente instruídas, com enorme prestígio e capazes de movimentar quantias assombrosas de dinheiro para conseguir o que querem. São vantagens que Hitler e Lênin jamais tiveram.

O cidadão médio, de qualquer nacionalidade, tem dificuldade de conceber essa depravada fome de poder, pois tudo o que deseja é alcançar sucesso profissional suficiente para bancar um padrão de vida mais ou menos alto com direito a viagens e lazer, sustentar a família na saúde e na doença e dar aos filhos uma boa educação. Sua ambição para por aí. Ele não tem o menor desejo de exercer poder sobre os outros, conquistar terras e pessoas, ser rei. Quer tomar conta do próprio nariz e aproveitar a vida. Como não deseja o poder com avidez, não consegue imaginar que há outros que desejem... outros que dançam conforme uma música muito diferente. Mas é preciso entender que *existiram* pessoas como Hitler, Lênin, César e Alexandre ao longo da história. Por que deveríamos supor que não há homens com essa depravada fome de poder atualmente? E se por acaso eles forem bilionários, será que não usam gente como Hitler e Lênin de fantoches para conquistar o poder para si próprios?

A verdade é que, por mais difícil que seja acreditar, esse é o caso. A tarefa que nos espera, como a que esperava Colombo, é a de convencê-lo de que o mundo, ao contrário do que fizeram com que você acreditasse a vida inteira, não é plano, mas redondo. Apresentaremos provas de que o que chamam de "comunismo" não é controlado nem a partir de Moscou nem a partir de Pequim, mas é um braço de uma conspiração maior controlada a partir de Nova York, Londres e Paris. Os homens no topo desse movimento não são comunistas no sentido tradicional do termo; eles não são fiéis nem a Moscou nem a Pequim, mas apenas a si mesmos e ao próprio projeto. É claro também que não acreditam na conversa pra boi dormir pseudofilosófica do comunismo, nem têm a menor intenção de dividir a própria riqueza. Embora os conspiradores explorem a filosofia do socialismo, só os ingênuos acreditam nela. Precisamente de que maneira o capitalismo financeiro é usado como bigorna e o comunismo como martelo para conquistar o mundo será explicado neste livro.

Foi ficando cada vez mais evidente em nossas investigações jornalísticas que o comunismo não passa do braço de uma conspiração maior. Essas investigações nos deram oportunidade de entrevistar em particular quatro oficiais reformados que passaram a carreira no topo dos serviços de inteligência do exército. Muito do que sabemos foi aprendido com eles, e o que foi contado é conhecido por milhares de outros. Os círculos superiores da inteligência militar estão perfeitamente cientes da existência dessa rede. Além disso, um dos autores entrevistou seis homens que foram, durante muito tempo, membros de comissões parlamentares de inquérito. Um deles, Norman Dodd, foi, em 1953, presidente da Comissão Reece, que investigou fundações beneficiárias de isenção fiscal. Quando Dodd começou a escavar o papel do grande capital internacional no movimento revolucionário, a investigação foi abortada sob ordens da Casa Branca de Eisenhower. De acordo com Dodd, permite-se investigar radicais que jogam bombas nas ruas, mas quando se começa a chegar até a origem dessas atividades no "mundo oficial", a cortina de ferro política passa o rolo compressor.

Você pode pensar tudo o que quiser do comunismo, menos que ele é uma conspiração controlada por homens do mundo respeitável. Assim, costuma-se dizer aos anticomunistas militantes algo do tipo: "Entendo que você se preocupe com o comunismo, mas a ideia de que ele é uma conspiração fazendo grandes avanços nos Estados Unidos é absurda. O povo americano é anticomunista, e nada indica que vá mudar de ideia. É compreensível preocupar-se com o comunismo na África, na Ásia ou na América do Sul, em vista da enormidade da pobreza, da ignorância e das doenças nesses lugares, mas preocupar-se com o comunismo nos Estados Unidos, onde a vasta maioria das pessoas não tem a menor simpatia por ele, é besteira."

Aparentemente, o argumento é bastante lógico e plausível. O povo americano é de fato anticomunista. Suponha que você largasse este livro neste exato instante, pegasse uma prancheta e se dirigisse ao shopping center mais próximo para realizar uma pesquisa sobre a posição dos americanos com relação ao comunismo. "Senhor", você diz para o primeiro candidato que encontra, "nós gostaríamos de saber se o senhor é contrário ou favorável ao comunismo". É provável que a maioria das pessoas achasse que você estava caçoando delas. Se continuássemos com a pesquisa, descobriríamos que 99 por cento dos indivíduos são anticomunistas, e seria difícil encontrar alguém que defendesse o comunismo.

Assim, parece, na superfície, que são verdadeiras as acusações contra os anticomunistas que se preocupam com a ameaça interna representada pelo comunismo: o povo americano não é pró-comunista. Mas antes que nosso entrevistado imaginário nos dê as costas e se afaste com asco do que acredita ser uma entrevista de mentirinha, acrescentamos: "Senhor, há algumas outras perguntas que eu gostaria de fazer antes de o senhor ir embora. Elas não são tão ofensivas e ridículas." Próxima questão: "O que é comunismo? O senhor poderia defini-lo, por favor?"

De imediato, cria-se uma situação completamente diferente. Em vez da quase unanimidade encontrada antes, haverá agora uma extraordinária diversidade de ideias. As opiniões sobre o que é o comunismo são inúmeras. Alguns dirão: "Ah, claro, o comunismo. Bom, ele é um ramo tirânico do socialismo." Outros afirmarão que "como planejado a princípio por Karl Marx, o comunismo era uma boa ideia. Mas ele nunca foi posto em prática, e os russos o estragaram". Um tipo mais erudito poderia proclamar: "O comunismo é simplesmente um renascimento do imperialismo russo."

Se por acaso acontecer de entrevistarmos um professor de ciência política da faculdade local, é possível que ele responda o seguinte: "Não se pode perguntar 'o que é o comunismo?'. Trata-se de uma pergunta totalmente simplista sobre uma situação bastante complexa. Muito ao contrário do que imaginam os extremistas da direita dos EUA, o comunismo atual não é um movimento internacional monolítico. É, antes, um movimento nacionalista fragmentário e policêntrico que deriva sua personalidade do carisma dos seus variados líderes locais. Embora, é lógico, haja a junção da dialética hegeliana com o materialismo feuerbachiano que os vários partidos comunistas geralmente sustentam em comum, é uma simplificação monumental perguntar 'o que é o comunismo?'. Em vez disso, deve-se perguntar: 'O que é o comunismo de Mao Tsé-Tung? O que é o comunismo de Ho Chi Minh, de Fidel Castro, do marechal Tito?'"

Se acha que estamos sendo jocosos é porque tem muito tempo que você não conversa com professores de ciência política. Pois a visão acima é a prevalente nos nossos *campi*, para não falar do Departamento de Estado.

Concorde você ou não com essas definições, ou tenha você as suas próprias, uma coisa é inegável: o público anticomunista dos EUA simplesmente não consegue entrar em acordo a respeito do que, exatamente, está combatendo. Não é assustador? Temos aqui algo com que quase todos concordam que é ruim, mas não conseguimos chegar a um acordo a respeito do que é aquilo com que estamos lutando.

Será que isso funcionaria, por exemplo, em uma partida de futebol? Você consegue imaginar que eficiência teria a defesa de um time se os centroavantes e os zagueiros não conseguissem chegar a um acordo com os meio-campistas, que não conseguissem chegar a um acordo com o goleiro, que não conseguisse chegar a um acordo com o técnico sobre que tipo de defesa é preciso montar para enfrentar o ataque do time adversário? O resultado óbvio seria o caos. Seria possível apostar num time de várzea contra o campeão mundial se este não entendesse direito o que está fazendo. É consensual — o primeiro princípio de qualquer confronto, seja no futebol ou na guerra (quente ou fria), é: conheça seu inimigo. Os americanos não conhecem o inimigo. Assim, não nos estranha nem um pouco, considerando tudo isso, que estejamos há décadas assistindo à queda de um país depois do outro sob a cortina do comunismo.

Para ser fiel ao fato de que cada um parece ter a própria definição de comunismo, forneceremos a nossa, e em seguida tentaremos provar que se trata da única verdadeira. Comunismo: ESFORÇO INTERNACIONAL E CONSPIRATÓRIO DE HOMENS EM POSIÇÕES ELEVADAS PARA OBTER PODER, QUE PARA ISSO ESTÃO DISPOSTOS A USAR QUAISQUER MEIOS PARA ALCANÇAR A META ALMEJADA — CONQUISTAR O MUNDO.

Note que aqui não mencionamos Marx, Engels, Lênin, Tróstski, burguesia, proletariado nem materialismo dialético. Não falamos uma palavra da pseudofilosofia nem da pseudoeconomia dos comunistas. Essas coisas são TÉCNICAS do comunismo que não devem ser confundidas com a conspiração comunista em si. O que de fato dissemos é que ele é um esforço internacional e conspiratório para obter poder. Não é possível entender nada do comunismo sem entender a sua natureza conspiratória;

sem isso, ficaremos eternamente obcecados com partidinhos de esquerda, e não é aí que o comunismo está, companheiro!

Para revelar a cólera da grande mídia e dos especialistas de esquerda basta simplesmente usar a palavra *conspiração* para falar do comunismo. Não é esperado que acreditemos que o comunismo é uma conspiração política. Podemos acreditar em qualquer outra coisa a respeito dele: que é brutal, que é tirânico, que é mau e até que pretende enterrar a todos nós, e conquistaremos os aplausos da vasta maioria dos americanos. Mas nunca, jamais, use a palavra *conspiração* se espera ser aprovado, pois com isso soltará a cólera da Esquerdolândia contra você.

Não é que seja proibido acreditar em *qualquer* tipo de conspiração; é vetado apenas acreditar em conspirações políticas contemporâneas. Sabemos que existiram nos anais da história pequenos grupos de homens, de cujos esquemas os livros estão cheios, que conspiraram para trazer os reinos de poder às próprias mãos. Vários artigos foram publicados pela revista *Life* sobre o testemunho de Joseph Valachi à Comissão McClellan a respeito da Cosa Nostra, organização na qual se conspira para ganho de dinheiro por meio do crime. Há alguns aspectos dessas revelações dignos de nota.

A maioria de nós não sabia que a organização se chamava Cosa Nostra. Até Valachi "cantar", sabíamos tão pouco sobre o grupo que todos achávamos que o nome dele era Máfia, apesar de ele ter mais de um século e operar em vários países com uma camarilha de líderes que se autoperpetua. Nós não sabíamos sequer o nome correto da organização. Não será possível que exista uma conspiração política esperando que um Joseph Valachi testemunhe? Seria o dr. Carroll Quigley o Joseph Valachi das conspirações políticas?

Vê-se que todos, inclusive a revista *Life*, acreditam em algum tipo de conspiração. A pergunta é: Qual é a conspiração mais letal, a criminosa ou a política? E qual é a diferença entre um membro da Cosa Nostra e um comunista ou, mais especificamente, um *Adepto*? É imprescindível que homens como Lucky Luciano, que subiram até o topo da cadeia de comando do crime organizado a tapas e pontapés, sejam astutos, diabolicamente brilhantes e absolutamente implacáveis. Mas, quase sem exceção, os chefes do crime organizado não têm nenhum tipo de educação formal. Eles nasceram na pobreza e aprenderam o ofício nos becos sujos de Nápoles, Nova York e Chicago.

Agora suponha que um sujeito com a mesma personalidade amoral gananciosa dos chefes da máfia nascesse em uma família patrícia de grande riqueza, estudasse nos melhores colégios secundários e depois em Harvard, Yale ou Princeton, com uma possível pós-graduação em Oxford. Nessas instituições, viria a conhecer bem história, economia, psicologia, sociologia e ciência política. Depois de graduar-se em estabelecimentos tão ilustres, seria possível encontrá-lo pelas ruas vendendo bilhetes de jogo, passando maconha para adolescentes ou controlando prostíbulos? Será que ele participaria de guerras de gangues? De modo algum. Pois com esse tipo de formação, ele perceberia que se você quer poder, poder de verdade, o que a história ensina é: "Entre para o governo". Torne-se político e se empenhe para conquistar poder político ou, melhor ainda, transforme políticos em laranjas seus. É aí que está o poder de verdade — e o dinheiro de verdade.

As conspirações para tomar o governo são tão velhas quanto o próprio governo. Podemos estudar as conspirações de Alcebíades na Grécia ou de Júlio César em Roma, mas não se espera que pensemos que há pessoas planejando tomar o poder atualmente.

Todos os conspiradores têm duas coisas em comum: talento para mentir e perspicácia para planejar. Estude Hitler, Alcebíades, César ou algum conspirador contemporâneo e você descobrirá que a paciência com que planejam é quase avassaladora. Repetimos a afirmação de Roosevelt: "Em política, nada acontece por acidente. Se acontece, pode apostar que foi planejado para acontecer."

Na realidade, o comunismo é uma tirania planejada por gente com fome de poder cuja arma mais efetiva é a mentira. Quando se decantam todas as mentiras do comunismo, o resultado são duas grandes mentiras das quais todas as outras brotam: 1) O comunismo é inevitável; 2) O comunismo é um movimento das massas oprimidas erguendo-se contra os patrões exploradores.

Voltemos à nossa pesquisa imaginária e analisemos a primeira grande mentira do comunismo — a de que ele é inevitável. Lembre-se de que perguntamos a nosso entrevistado se ele era favorável ou contrário ao comunismo e depois lhe pedimos para defini-lo. Agora lhe perguntaremos: "O senhor acha que a implantação do comunismo nos EUA é inevitável?" Em quase todos os casos, a resposta será mais ou menos a seguinte: "Ahn, bom, não, não acho que seja. Você sabe como são os americanos, às vezes nossa reação ao perigo é meio lenta. Lembre-se de Pearl Harbor. Mas o povo americano jamais ficaria parado diante do comunismo."

Perguntamos depois: "Tudo bem, mas então o senhor acha que a implantação do socialismo nos EUA é inevitável?" A resposta, em quase todos os casos, será similar a esta: "Eu não sou socialista, entende, mas vejo o que está acontecendo neste país, então, bom, sim, eu diria que o socialismo é inevitável." Em seguida, questionamos o nosso entrevistado: "Se o senhor diz que não é socialista, mas sente que o país está sendo socializado, por que não faz alguma coisa para impedir?" A resposta será um rodeio: "Eu sou só um. Além disso, é inevitável. Não se pode lutar contra a administração municipal, hehehe."

Mas você não sabia que os meninos da prefeitura estão fazendo de tudo para convencê-lo disso? Com que eficiência se pode enfrentar algo quando se sente que o enfrentamento é inútil? Dar ao oponente a ideia de que defender-se é inútil é prática tão velha quanto a própria guerra. Por volta de 500 a.C., o general e filósofo chinês Sun Tzu afirmou: "A suprema excelência na arte da guerra reside na destruição da vontade de resistir do inimigo antes de hostilidades perceptíveis." Hoje chamamos essa prática de guerra psicológica; no pôquer, ela equivale a blefar. O princípio é o mesmo.

Assim se encontra o povo americano: contrário ao comunismo, mas incapaz de defini-lo; contrário ao socialismo, mas crendo-o inevitável. Como Marx via o comunismo? Qual é a importância da "inevitabilidade do comunismo" para os comunistas? O que querem que acreditemos inevitável é o socialismo ou o comunismo? Estudando *O manifesto comunista*, de Marx e Engels, descobre-se que ele diz, em essência, que a revolução proletária estabeleceria a ditadura SOCIALISTA do proletariado. Para construir a ditadura SOCIALISTA do proletariado, seria preciso alcançar três coisas: 1) eliminar todo o direito à propriedade privada; 2) dissolver a unidade familiar; 3) destruir aquilo a que Marx se referiu como o "ópio do povo", a religião.

Marx afirma em seguida que quando a ditadura do proletariado tivesse alcançado essas três coisas em todo o mundo e depois de um espaço de tempo indeterminado (como se pode imaginar, ele foi bastante vago a esse respeito), o Estado totalitário desvaneceria miraculosamente e o socialismo de Estado abriria caminho para o comunismo, quando governo nenhum seria necessário. Tudo seria paz, doçura e luz, e todo o mundo viveria feliz para sempre. Mas, primeiro, todos os comunistas devem esforçar-se para implantar o SOCIALISMO.

Karl Marx foi contratado para escrever *O manifesto comunista*, um pega-trouxas demagógico para atrair as massas, por um misterioso grupo que se auto-nomeava a Liga dos Homens Justos. Na realidade, *O manifesto comunista* já estava em circulação havia muito tempo quando o nome de Marx passou a ter reconhecimento suficiente para estabelecer sua autoria do manual revolucionário. Tudo o que ele fez de fato foi atualizar e codificar com exatidão os mesmos planos e princípios revolucionários escritos setenta anos antes por Adam Weishaupt, o fundador da Ordem dos Illuminati da Baviera. E, como é universalmente reconhecido pelos estudiosos sérios do tema, a Liga dos Homens Justos era simplesmente uma extensão dos Illuminati, que foram forçados a ir para a clandestinidade depois que uma batida policial conduzida pelas autoridades bávaras os desmascarou em 1786.

Será demais pedir que você imagine que Karl Marx acreditava que um Estado onipotente desvaneceria? Ou que um Joseph Stalin (ou qualquer outro homem astuto e brutal o suficiente para chegar ao topo da cadeia alimentar de uma ditadura totalitária) desmantelaria voluntariamente o poder que construiu com base no medo e no terror?

O socialismo seria a isca... a desculpa para implantar a ditadura. Como é difícil vender ditaduras em termos idealistas, era preciso acrescentar a ideia de que ela era apenas uma necessidade temporária a ser dissolvida por vontade própria. É preciso ser de fato muito ingênuo para engolir uma dessas, mas milhões engolem!

O empenho para implantar o SOCIALISMO, não o comunismo, está no centro de tudo o que os comunistas e os *Adeptos* fazem. Marx e os seus sucessores no movimento comunista ordenaram aos seguidores que se esforçassem para erguer o SOCIALISMO. Se você ouvir alguma autoridade comunista discursar, perceberá que ela jamais menciona o comunismo, mas apenas o esforço para completar a socialização da América. Ao observar a literatura comunista, você descobre que ela toda promove esse tema. Não se apela pela implantação do comunismo, mas do SOCIALISMO.

E muitos membros do *establishment* promovem o mesmo tema. Em um artigo intitulado "Richard Nixon e o grande renascimento socialista", publicado no número de setembro de 1970 da revista *New York*, o professor John Kenneth Galbraith, de Harvard, socialista declarado, afirma, descrevendo o que chama de "plano de jogo de Nixon": "É provável que Nixon não seja grande leitor de Marx, mas [seus assessores] Burns, Shultz e McCracken são excelentes acadêmicos, que conhecem bem o autor e podem ter instruído o presidente, e está acima de qualquer dúvida que a crise que incentivou a corrida para o socialismo foi arquitetada pelo governo..."

No início do artigo, Galbraith afirmara o seguinte: "Certamente, o desdobramento menos previsível do governo Nixon era esse grande impulso recente ao socialismo. É possível encontrar pessoas que ainda não estejam cientes dele. Outras devem estar esfregando os olhos, pois sem dúvida todos os presságios pareciam indicar o contrário. Como adversário do socialismo, Nixon parecia firme..."

Em seguida, o professor lista os gigantescos passos rumo ao socialismo dados pelo governo Nixon. A conclusão a que se chega é que o socialismo, venha do Partido Democrata ou do Republicano, é inevitável. Arthur Schlesinger, também socialista de Harvard, disse mais ou menos a mesma coisa: "Os principais ganhos da esquerda no passado em geral continuam em vigor quando os conservadores recuperam o poder... O esquerdismo fica constantemente mais esquerdista, e do mesmo modo o conservadorismo fica constantemente menos conservador..."

Muitos indivíduos extremamente patriotas deixam-se levar com toda a inocência pela conspiração. Walter Trohan, colunista emérito do *Chicago Tribune* e um dos mais notáveis comentaristas políticos dos EUA, fez uma observação bastante exata: "É um fato conhecido que as políticas dos governos de hoje, sejam democratas ou republicanos, estão mais próximas da plataforma do Partido Comunista de 1932 do que da plataforma de qualquer um dos dois partidos naquele ano decisivo. Mais de cem anos atrás, em 1848 para ser exato, Karl Marx expôs seu programa para o Estado socializado em *O manifesto comunista*..."

E Trohan também foi levado a acreditar que essa tendência é inevitável: "Os conservadores precisam ser realistas e reconhecer que este país está se tornando profundamente socialista e verá a expansão do poder do governo federal, estejam no poder os republicanos ou os democratas. O único consolo que podem ter é que a marcha será mais lenta com Nixon do que teria sido, provavelmente, com Hubert Humphrey...

Os conservadores terão de reconhecer que o governo Nixon abraçará a maior parte das medidas socialistas dos governos democratas, professando melhorá-las..."

O *establishment* promove a ideia da inevitabilidade do comunismo por meio da perversão dos termos usados para descrever o espectro político (ver Quadro 1). Afirma-se que à extrema-esquerda encontra-se o comunismo, que é confessadamente ditatorial. Mas nos informam que devemos temer da mesma forma o oposto da extrema-esquerda, isto é, a extrema-direita, que recebe o rótulo de fascismo. Somos todos instruídos sempre a tentar ficar no meio do caminho, que recebe o nome de democracia, mas que na verdade significa, na linguagem do *establishment*, socialismo fabiano (ou gradativo). (O fato de que o meio do caminho está se movendo inexoravelmente em direção à esquerda há quarenta anos é ignorado.) Eis um excelente exemplo do uso de falsas alternativas. A escolha que nos dão é entre o comunismo (socialismo *internacional*) em uma ponta do espectro, nazismo (socialismo *nacional*) na outra e socialismo fabiano no meio. Todo o espectro é socialista!

É um absurdo. Onde ficam os anarquistas nesse espectro? Onde ficam aqueles que acreditam na república constitucional e no sistema de livre-iniciativa? Eles não são representados aqui e, no entanto, é provável que cerca de 90 por cento das pessoas usem esse espectro para definir-se politicamente.

Existe um espectro político exato (ver Quadro 2). O comunismo é, por definição, governo absoluto. Faz pouca diferença se chamamos o governo absoluto de comunismo, fascismo, socialismo, cesarismo ou faraonismo. Do ponto de vista das pessoas condenadas a viver sob ele e sofrê-lo, é tudo a mesma coisa. Se o governo absoluto (com qualquer um dos seus pseudônimos) fica na extrema-esquerda, então pela lógica a extrema-direita representa a anarquia ou a ausência de governo.

QUADROS 1 E 2

Ditadura	Democracia	Ditadura
Comunismo	Sociedade Fabiana	Fascismo

Governo absoluto		Anarquia
Comunismo Fascismo Socialismo Faraonismo Cesarismo		República Constitucional Governo Limitado

O Quadro 1 expressa um falso espectro político usado pela esquerda, que coloca o comunismo (socialismo internacional) na extrema-esquerda, e o seu irmão gêmeo, o fascismo (nacional-socialismo), na extrema-direita, sendo o "meio do caminho" o socialismo fabiano. Todo o espectro é socialista!

O Quadro 2 é um espectro político mais racional, com governo absoluto de qualquer formato à extrema-esquerda e ausência de governo ou anarquia à extrema-direita. Os Estados Unidos eram uma República com governo limitado, mas nas últimas décadas o país está se deslocando continuamente para a extrema-esquerda do espectro a cada nova lei socializante.

Emblema da Sociedade Fabiana   Símbolo do Anarquismo

Os pais fundadores dos Estados Unidos revoltaram-se contra o governo quase total da monarquia inglesa, mas sabiam que não ter governo nenhum levaria ao caos. Assim, estabeleceram uma república constitucional com governo bastante limitado. Eles sabiam ainda que os homens prosperam na liberdade; embora o sistema de livre-iniciativa não seja mencionado especificamente na constituição, é o único que pode existir em uma república constitucional. Todos os sistemas coletivistas exigem poderes governamentais que a constituição americana não concede. Os pais fundadores não tinham a menor intenção de permitir que o governo se tornasse um mecanismo para roubar os frutos do trabalho de um homem e os dar a outro que não trabalhou para obtê-los. O governo dos EUA foi elaborado para ter poderes limitadíssimos. Thomas Jefferson afirmou: "Em questões de poder, portanto, que não se ouça mais falar de confiança cega no homem, mas que ele seja atado, de modo a protegê-lo de danos, pelas correntes da Constituição." Jefferson sabia que se o governo não fosse subjugado, o povo é que seria.

O ponto de vista de Jefferson é: governa melhor aquele que governa menos. Por isso os patriarcas planejaram que o país tivesse o mínimo de governo possível. Embora tenham vivido antes da existência dos automóveis, da luz elétrica e da televisão, eles entendiam a natureza humana e a relação dela com os sistemas políticos muito melhor do que a maioria dos americanos entende hoje. Mudam-se os tempos, muda a tecnologia, mas os princípios são eternos. A função primária do governo era propiciar defesa nacional e instituir um sistema judicial. Mas arrebentamos as correntes de que falou Jefferson, e já há muitos anos estamos nos movendo para o lado esquerdo do espectro político, em direção ao governo absoluto. Todas as propostas dos nossos líderes políticos (inclusive as que deveriam ter exatamente o efeito oposto, como a proposta de repartição de receitas de Nixon)* nos carregam para mais perto do governo centralizado. Isso não ocorre porque o socialismo é inevitável. Ele é tão inevitável quanto o faraonismo. Isso ocorre, em grande parte, como resultado de planejamento engenhoso e gradualismo paciente.

Uma vez que todos os comunistas — assim como os *Adeptos* que os chefiam — estão constantemente empenhados na promoção do SOCIALISMO, definamos este termo. Geralmente se define socialismo como propriedade ou controle por parte do governo dos meios básicos de produção e distribuição de bens e serviços. Visto de perto, isso significa controle governamental de todas as coisas, inclusive você. Todo controle é controle de pessoas. Se o governo controlar essas áreas, chegará ao

---

* A medida de Nixon, aprovada em 1972, previa a repartição de receitas da União com estados e municípios, representando, portanto, descentralização de poder. Os autores argumentam no Capítulo 7, porém, que o efeito real da medida é exatamente o oposto. (N. do T.).

ponto em que poderá fazer exatamente aquilo que Marx se dispôs a fazer — destruir o direito à propriedade privada, eliminar a família e dizimar a religião.

Os EUA estão sendo socializados, e todos sabem disso. A esse respeito, um homem comum talvez dissesse: "Sabe de uma coisa? O que eu nunca vou conseguir entender é por que toda essa gente riquíssima, como os Kennedy, os Ford, os Rockefeller e outros, defende o socialismo. Por que os super-ricos são socialistas? Não são eles que mais têm a perder? Quando comparo a minha conta bancária à de Nelson Rockefeller, acho até engraçado que eu seja contra o socialismo enquanto ele o promove por aí." Será que é mesmo engraçado? Na realidade, há uma enorme diferença entre aquilo que as pessoas que o promovem definem como socialismo e o que o socialismo é de fato na prática. A ideia de que o socialismo é um programa de distribuição de riqueza é rigorosamente uma história da carochinha para convencer as pessoas a cederem a própria liberdade a um governo coletivista totalitário. Ainda que os *Adeptos* nos digam que estamos construindo o paraíso na Terra, estamos na verdade é construindo uma jaula para nós mesmos.

Você não se espanta com o fato de que a riqueza pessoal de alguns dos indivíduos que mais fazem pressão pelo socialismo esteja protegida em trustes familiares e fundações beneficiárias de isenção fiscal? Sabe-se que Rockefeller, Ford e Kennedy são favoráveis a todo programa socialista conhecido pelo homem que resulte em aumento de impostos. Contudo, eles mesmos praticamente não pagam impostos. Um artigo publicado pela *North American Newspaper Alliance* em agosto de 1967 revela que os membros da família Rockefeller, apesar de sua enorme riqueza, na realidade não pagam imposto de renda. O artigo revela que um deles pagou o enorme total de 685 dólares de imposto de renda em um ano recente.

Os Kennedy são donos do Merchandise Mart* de Chicago, de mansões, iates, aviões, tudo sob propriedade de uma miríade de fundações

---

* Icônico edifício comercial de Chicago que, quando foi inaugurado, em 1930, era o maior do mundo em área. (N.T.).

e trustes familiares. Imposto é para peão! E, no entanto, hipócritas como Rockefeller, Ford e Kennedy posam de grandes defensores dos "oprimidos". Se estivessem preocupados de verdade com os pobres, em vez de usar o socialismo como meio para alcançar poder político pessoal, eles se desfariam da própria fortuna. Não há nenhuma lei que os impeça de doar a própria riqueza às pessoas aflitas pela pobreza. Será que não deveriam dar o exemplo e praticar o que pregam? Se advogam a distribuição da riqueza, não deveriam começar pela própria, em vez daquela da classe média, que paga quase todos os impostos? Por que Nelson Rockefeller e Henry Ford II não doam as próprias fortunas, conservando apenas o suficiente para manter-se na média nacional? Pode-se imaginar Teddy Kennedy abrindo mão da mansão, do iate e do avião e indo morar, como o resto de nós, em uma casa 80 por cento financiada?

Geralmente se diz que os super-ricos dessa elite são socialistas porque têm complexo de culpa de ter herdado riquezas que não ganharam. De novo, eles poderiam resolver esse suposto complexo de culpa simplesmente destituindo-se da riqueza imerecida. Sem dúvida, existem muitos ricos bons-moços que ganharam complexo de culpa de presente dos professores de faculdade, mas isso não explica a ação de *Adeptos*, como os Rockefeller, os Ford e os Kennedy. Todas as ações deles os traem e revelam que têm fome de poder. Mas a confederação dos super-ricos não é hipócrita quando defende o socialismo. Embora pareça contraditório que trabalhe por ele e pela destruição da livre-iniciativa, a verdade é que não é.

Nosso problema é que a maior parte de nós acredita que socialismo é aquilo que os socialistas querem que acreditemos que é — um programa de distribuição de riqueza. Essa é a teoria. Mas é assim que funciona? Examinemos os únicos países socialistas — de acordo com a definição socialista da palavra — existentes no mundo hoje. São os países comunistas. Os próprios comunistas referem-se a eles como países socialistas, como em União das Repúblicas Socialistas Soviéticas. Aqui, na realidade do socialismo, tem-se uma pequenina elite oligárquica no topo, geralmente não mais que 3 por cento da população, controlando toda a riqueza, toda a produção e a própria vida dos outros 97 por cento. Sem dúvida até os mais ingênuos observam que Brejnev* não vive como os camponeses pobres das vastas estepes russas. Mas, de acordo com a teoria socialista, ele deveria fazer exatamente isto!

Se entende-se que o socialismo não é um programa de distribuição de riqueza, mas antes, na realidade, um método de *consolidação* e *controle* da riqueza, então o aparente paradoxo dos super-ricos que promovem o socialismo não é mais um paradoxo de maneira alguma. Em vez disso, ele se torna a ferramenta lógica, perfeita mesmo, de megalomaníacos famintos de poder. O comunismo, ou mais precisamente o socialismo, não é um movimento das massas oprimidas, mas da elite econômica. O plano dos conspiradores *Adeptos*, portanto, é socializar os Estados Unidos, não comunizá-lo.

Como isso será alcançado? O Quadro 3 mostra a estrutura do governo como estabelecida pelos pais fundadores. Eles acreditavam que cada ramo do governo — federal, estadual ou municipal — seria cioso dos próprios poderes e jamais os cederia a um controle centralizado. Por isso, a Constituição fracionou e subdividiu o poder governamental de todas as maneiras possíveis. Além disso, muitas esferas das nossas vidas (como a caridade e a educação) foram deixadas completamente, ou quase completamente, de fora da esfera de controle dos políticos. *Sob esse sistema uma ditadura não seria possível*. Nenhum segmento do governo poderia acumular poder suficiente para estabelecer uma. Para isso, é preciso que um único ramo detenha quase todas as rédeas do poder. Quando isso acontece, a ditadura é inevitável.

* Leonid Brejnev foi um líder político que chefiou o Partido Comunista e esteve à frente da União Soviética entre 1964 e 1982. Faleceu em novembro de 1982.

QUADRO 3

REPÚBLICA CONSTITUCIONAL

GOVERNO FEDERAL

GOVERNO ESTADUAL

SINDICATOS FINANÇAS INDÚSTRIA EXECUTIVO LEGISLATIVO JUDICIÁRIO TRIBUNAIS CIDADE CONDADO CARIDADE POLÍCIA EDUCAÇÃO

SOCIALISMO DEMOCRÁTICO

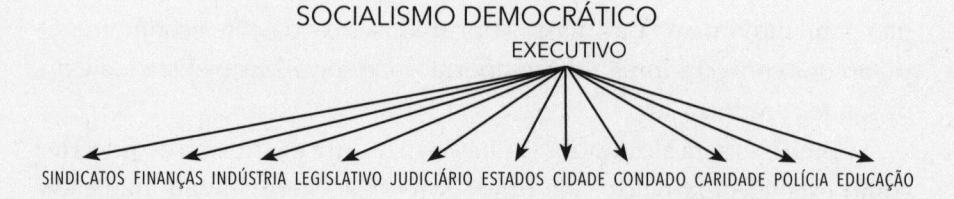

EXECUTIVO

SINDICATOS FINANÇAS INDÚSTRIA LEGISLATIVO JUDICIÁRIO ESTADOS CIDADE CONDADO CARIDADE POLÍCIA EDUCAÇÃO

A ditadura era impossível na nossa república porque o poder era amplamente difuso. Hoje, à medida que nos aproximamos do socialismo democrático, todos os poderes estão sendo centralizados no ápice do ramo executivo do governo federal. Essa concentração de poder torna a ditadura inevitável. Quem controla o presidente tem controle indireto sobre virtualmente todo o país.

O filósofo inglês Thomas Hobbes observou: "Liberdade é o governo dividido em pequenos fragmentos." Woodrow Wilson, antes de tornar-se ferramenta dos *Adeptos*, afirmou: "Essa história da liberdade é uma história das limitações do poder governamental, não do aumento dele." E o historiador inglês lorde Acton comentou: "O poder tende a corromper, e o poder absoluto corrompe absolutamente." Embora esses homens, com exceção de Hobbes, tenham vivido depois de a Constituição americana ser escrita, os patriarcas entendiam esses princípios muitíssimo bem.

Mas o que está acontecendo atualmente? À medida que caminhamos para a esquerda do espectro político em direção ao socialismo, todas as rédeas do poder vão sendo centralizadas no ramo executivo do governo federal. Muito disso está sendo feito mediante a compra de todas as outras esferas por vias legislativas ou de subsídios federais "gratuitos". A Suprema Corte determinou, neste caso de modo muito coerente, que "dificilmente se pode considerar falta de devido processo que o governo regule aquilo que ele subsidia".

Se você e seus confrades quisessem dominar os Estados Unidos, jamais conseguiriam controlar cada prefeitura, cada câmara de vereadores, cada assembleia estadual. Assim, desejariam que o ápice do executivo federal fosse investido de todos os poderes; nesse caso, seria necessário controlar apenas um homem para controlar a coisa toda. Se quisessem controlar a manufatura, o comércio, as finanças, os transportes e os recursos naturais do país, precisariam controlar apenas o ápice, o pináculo do poder de um todo-poderoso governo SOCIALISTA. Desse modo, vocês teriam o monopólio e poderiam esmagar todos os concorrentes. Quem deseja monopólio nacional precisa controlar um governo nacional socialista; quem deseja monopólio mundial precisa controlar um governo mundial socialista. É nisso que o jogo consiste. O "comunismo" não é um movimento das massas oprimidas, mas um movimento criado, manipulado e usado por bilionários famintos de poder para passar a controlar o mundo... primeiro implantando governos socialistas nos vários países e depois consolidando-os por meio de uma "Grande Fusão" em um supraestado mundial socialista, provavelmente sob os auspícios das Nações Unidas. O restante deste livro descreverá a maneira pela qual essas pessoas vêm usando o comunismo para alcançar esse objetivo.

CAPÍTULO 3

Os manipuladores de dinheiro

Desemprego em massa durante a grande depressão norte-americana.

MUITOS PROFESSORES UNIVERSITÁRIOS DE HISTÓRIA dizem aos supervisores que usarão em classe livros "objetivos". Mas será possível escrever livros de história sem um ponto de vista específico? Há bilhões de eventos que ocorrem no mundo todos os dias. Pensar em escrever a história completa de um país que cubra mesmo um ano só é absolutamente fantástico.

O que limita a capacidade do historiador de escrever relatos "objetivos" não é apenas o incrível volume de acontecimentos, mas o fato de que muitos dos acontecimentos mais importantes jamais aparecem nos jornais ou sequer na memória de alguém. As decisões a que chegam os chefões em salas obscuras não são noticiadas nem mesmo pelo *New York Times*, que ostenta dar todas as notícias que se adequam para publicação. ("Todas as notícias adequadas" é uma descrição mais exata.)

Para construir um argumento, o historiador precisa selecionar um minúsculo número de fatos a partir do número limitado dos que são conhecidos. Se não tiver uma "teoria", como é que separará os fatos importantes dos desimportantes? Como destacou o professor Stuart Crane, é por isso que todo livro "prova" a tese do autor. Mas não há livros objetivos. Nenhum livro pode ser objetivo, e este livro não é objetivo. (Os resenhistas de esquerda vão se divertir muito citando isso fora de contexto.) As informações que contém são verdadeiras, mas o livro não é objetivo. Nós selecionamos os fatos cuidadosamente para provar nosso ponto. Acreditamos que a maioria dos outros historiadores enfocou o cenário e ignorou o que é mais importante: a carroça, o burro e o menino.

Pode-se verificar prontamente a maioria dos fatos que destacamos em qualquer grande biblioteca. Mas o que afirmamos é que nós organizamos esses fatos na ordem que revela com mais exatidão o verdadeiro significado que têm na história. Trata-se de fatos que o *establishment* não quer que você conheça.

Você já teve a experiência de pegar um filme de suspense no meio? Pareceu confuso, não? Todas as evidências faziam parecer que o mordomo era o assassino, mas nas cenas finais você descobre, surpreendentemente, que tinha sido a esposa do homem o tempo todo. Você assiste ao filme de novo, desde o início, e quando todas as peças se encaixam, a história faz sentido.

Essa situação é muito similar àquela em que milhões de americanos se encontram hoje. Eles estão confusos com os acontecimentos recentes, pois chegaram quando o filme, por assim dizer, estava perto do fim. A porção anterior do mistério é necessária para tornar tudo compreensível. (Na verdade, nós não vamos começar de fato do início, mas voltaremos no tempo o suficiente para que os acontecimentos contemporâneos façam sentido.)

Para entender a conspiração é preciso ter conhecimentos rudimentares do sistema bancário, especialmente do sistema bancário internacional. Embora seja simplificação atribuir toda a conspiração aos banqueiros internacionais, sem dúvida eles desempenham nela papel essencial. Imagine a conspiração como uma mão em que um dedo recebe a etiqueta de "banqueiros internacionais" e os outros de "fundações", "movimento antirreligioso", "socialismo fabiano" e "comunismo". Mas era aos banqueiros internacionais que Quigley se referia quando afirmou que o objetivo deles não era nada menos que controlar o mundo através das finanças.

Onde os governos conseguem as enormes somas de dinheiro de que precisam? A maior parte, é claro, vem dos impostos; mas com frequência os governos gastam mais do que estão dispostos a cobrar de impostos, e assim são forçados a fazer empréstimos. O débito nacional dos Estados Unidos é, atualmente, de 455 bilhões de dólares* — cada centavo dos quais emprestado a juros por alguém.

O público é levado a acreditar que o governo toma empréstimos "do povo" por meio de títulos. Na verdade, só uma pequena porcentagem da dívida nacional é paga nesse formato a credores individuais. Quem detém a maior parte dos títulos do governo, com exceção daqueles que são do próprio governo por meio dos seus fundos de reserva, são empresas bancárias conhecidas como bancos internacionais.

Há séculos os banqueiros internacionais ganham muito dinheiro financiando governos e reis. Para isso, no entanto, eles enfrentam alguns problemas espinhosos. Sabemos que operações bancárias menores são protegidas pela exigência de garantias, mas que tipo de garantia se pode exigir de um governo ou de um rei? E se o banqueiro vier cobrar e o rei disser: "Cortem-lhe a cabeça"? Não se ensina nas faculdades de economia o processo por meio do qual se cobram dívidas de governos e de monarcas, e a maior parte de nós, por jamais ter trabalhado com o financiamento de reis, nunca pensou muito sobre esse problema. Mas existe o ramo do financiamento de reis, e para aqueles que podem garantir a arrecadação trata-se de um ramo muito lucrativo.

O professor de economia Stuart Crane observa que há dois meios de estabelecer garantias em empréstimos para reis e governos. Toda vez que uma empresa faz empréstimos vultosos, o credor ganha voz na administração para proteger seu investimento. Como ocorre com as empresas, nenhum governo consegue pegar grandes empréstimos se não estiver disposto a ceder ao credor alguma medida da própria soberania como garantia. Sem dúvida, banqueiros internacionais que emprestaram centenas de bilhões de dólares para vários governos ao redor do mundo têm influência considerável nas medidas desses governos.

* Isso em 1972. Em julho de 2016, o débito era de mais de 19 trilhões de dólares. (N.T.)

Mas a suprema vantagem do credor sobre o rei ou o presidente é que se o governante sair da linha, o banqueiro pode financiar o seu inimigo ou rival. Portanto, se você deseja permanecer no lucrativo ramo do financiamento de reis, é prudente ter um inimigo ou rival esperando nos bastidores para depor todos os reis e presidentes que você financia. Se o rei não tiver inimigos, você precisará criá-los.

Preeminente nesse jogo foi a famosa Casa dos Rothschild. Seu fundador, Meyer Amschel Rothschild (1743-1812), de Frankfurt, na Alemanha, deixou um dos seus cinco filhos em casa para gerir o banco de Frankfurt e mandou os outros para Londres, Paris, Viena e Nápoles. Os Rothschild ficaram imensamente ricos no século XIX financiando governos para que lutassem uns com os outros. De acordo com Stuart Crane: "Ao examinarmos todas as guerras da Europa no século XIX, descobrimos que elas sempre terminavam com o estabelecimento de um 'equilíbrio de poder'. A cada redistribuição havia um equilíbrio de poder com um novo reagrupamento ao redor da Casa dos Rothschild na Inglaterra, na França ou na Áustria. Eles agrupavam as nações de modo que se algum rei saísse da linha, explodiria uma guerra, e ela seria decidida pelo modo como o financiamento ocorresse. A posição devedora dos países beligerantes geralmente revelava quem seria punido."

Ao descrever as características dos Rothschild e de outros grandes banqueiros internacionais, Quigley nos informa que eles continuaram diferentes dos banqueiros comuns de várias maneiras: eram cosmopolitas e internacionais; eram próximos dos governos e particularmente preocupados com as dívidas governamentais, inclusive as dívidas externas; eles vieram a ser chamados de "banqueiros internacionais" (Quigley, *Tragedy and Hope*, p. 52).

Uma das grandes razões do apagão histórico do papel dos banqueiros internacionais na história política mundial é que os Rothschild eram judeus, e ao tentar retratar a conspiração como inteiramente judaica, os antissemitas serviram aos interesses dela. Nada poderia estar mais longe da verdade — as instituições bancárias internacionais de J. P. Morgan e Rockefeller, de tradição anglo-saxônica, têm papel chave na conspiração. Embora não seja possível negar o papel dos Rothschild e de seus companheiros na conspiração, é tão irracional e imoral culpar todos os judeus pelos crimes deles quanto considerar todos os batistas culpados pelos crimes dos Rockefeller.

Os membros judeus da conspiração usam uma organização chamada Liga Antidifamação como instrumento para tentar convencer todo o mundo de que qualquer menção aos Rothschild e a seus aliados é um ataque a todos os judeus. Por esse meio, abafaram quase todos os estudos honestos sobre os banqueiros internacionais e transformaram o tema em tabu nas universidades.

Qualquer indivíduo ou livro que aborde o assunto é imediatamente atacado por centenas de comitês da liga ao redor do país. Ela jamais deixou nem a verdade nem a lógica interferirem no seu trabalho altamente profissionalizado de assassinato de reputações. Na ausência de evidências claras, a liga, que se opôs com firmeza ao chamado "macartismo", acusa os outros de "antissemitas latentes". Você consegue imaginar o quanto gritariam e esperneariam se alguém os acusasse de comunistas "latentes"?

Na verdade, ninguém tem mais direito de sentir raiva do clã dos Rothschild do que os próprios judeus. Os Warburg, parte do império dos Rothschild, ajudaram a financiar Adolf Hitler. Não havia praticamente nenhum membro das famílias Warburg e Rothschild nos campos de concentração! Eles esperaram a guerra acabar em luxuosos hotéis de Paris ou emigraram para os Estados Unidos ou para a Inglaterra. Como grupo, foram os judeus que mais sofreram nas mãos desses caçadores de poder. Um membro da família Rothschild tem muito mais em comum com um membro da família Rockefeller do que com um alfaiate judeu de Budapeste ou do Bronx.

Como a pedra fundamental do império dos banqueiros internacionais são os títulos governamentais, eles têm interesses em encorajar os governos a se endividarem. Quanto maior a dívida, maiores os interesses — isto é, os juros. Nada deixa os governos mais afundados em dívidas do que guerras, e não é incomum que os banqueiros internacionais financiem os dois lados dos mais sangrentos conflitos militares. Por exemplo, durante a guerra civil americana, o Norte foi financiado pelos Rothschild por meio do agente americano deles, Augustus Belmont, e o Sul por meio dos Erlanger, parentes deles.

Mas apesar de guerras e revoluções serem úteis para que os financistas adquiram ou ampliem o controle dos governos, a chave para obtê-lo sempre foi o controle do dinheiro. Quem é credor de um governo consegue controlá-lo, pois está na posição de exigir privilégios do soberano. Governos que precisavam de dinheiro já concederam monopólios de bancos públicos, recursos naturais, concessões petrolíferas e transportes. No entanto, o monopólio mais desejado pelos banqueiros internacionais é aquele sobre o dinheiro do país.

Chegou ao ponto em que eles se tornaram os donos de fato dos bancos centrais de várias nações europeias, controlados como corporações privadas. O Banco da Inglaterra, o Banco da França e o Banco da Alemanha não eram propriedade dos respectivos governos, como quase todo o mundo imagina, mas monopólios privados concedidos pelos chefes de Estado, normalmente em retribuição a empréstimos. Sob esse sistema, observou Reginald McKenna, presidente do Banco da Inglaterra do Interior, "aqueles que criam e emitem o dinheiro e o crédito dirigem as políticas governamentais e controlam o destino do povo". Assim que o governo passa a dever dinheiro aos banqueiros, está à mercê deles. Um exemplo aterrorizante foi citado pelo *London Financial Times*, de 26 de setembro de 1921, que revelou que já naquele tempo "meia dúzia de homens no topo dos Cinco Grandes Bancos poderiam derrubar toda a estrutura financeira governamental abstendo-se de renovar os Títulos do Tesouro".

Todas as pessoas que almejaram controle ditatorial das nações modernas entenderam que era necessário um banco central. Quando foi contratado pela Liga dos Homens Justos para traçar um plano de dominação chamado *O manifesto comunista*, um revolucionário picareta chamado Karl Marx propôs o seguinte no quinto ponto do seu programa: "A centralização do crédito nas mãos do Estado, por meio de um banco nacional com capital estatal e monopólio exclusivo." Mais tarde, Lênin diria que o estabelecimento de um banco central era 90 por cento da comunização de um país. Esses conspiradores sabiam que não se pode tomar o controle de um país sem uso de força militar a não ser que ele tenha um banco central por meio do qual se pode controlar a sua economia. O anarquista Bakunin observou com sarcasmo a respeito dos seguidores de Marx: "Eles têm um pé no banco e outro no movimento socialista."

Os financistas internacionais instalam os próprios laranjas na presidência de cada banco central da Europa. O professor Quigley relata: "Não se deve considerar que esses chefes dos principais bancos centrais do mundo fossem, por si próprios, poderes substantivos. Não eram. Eram, antes, os técnicos e os agentes dos bancos de investimento dos seus próprios países, que os tinham elevado a suas posições e eram perfeitamente capazes de derrubá-los. Os poderes financeiros substantivos do mundo estavam nas mãos desses banqueiros de investimentos (também chamados de banqueiros 'internacionais' ou 'mercantis'), que continuaram em grande medida nos bastidores em seus bancos privados desvinculados. Estes formavam um sistema de cooperação internacional e domínio nacional que era mais particular, mais poderoso e mais secreto do que aquele de qualquer um de seus agentes nos bancos centrais..." (*Tragedy and Hope*, p. 326-327.)

Quigley também revela que os banqueiros internacionais que eram proprietários e controladores do Banco da Inglaterra e do Banco da França mantiveram o poder mesmo depois que esses bancos foram em teoria nacionalizados.

Naturalmente, os controladores dos bancos centrais da Europa queriam avidamente, desde o início, forjar arranjo similar nos Estados Unidos. Desde os primeiros dias, os pais fundadores tiveram consciência das tentativas de controlar os EUA pela manipulação financeira, e travaram uma batalha contínua com os banqueiros internacionais. Thomas Jefferson escreveu para John Adams: "... Eu acredito sinceramente, como você, que estabelecimentos bancários são mais perigosos que exércitos de prontidão."

Mas, embora os Estados Unidos não tivessem banco central desde que o presidente Jackson o extinguira, em 1836, os financistas europeus e seus agentes americanos conseguiram obter um bocado de controle sobre o sistema monetário do país. Gustavus Myers, em *The Great American Fortunes* [As grandes fortunas americanas], revela o seguinte: "Por baixo da superfície, os Rothschild tiveram por muito tempo poderosa influência na prescrição das leis financeiras americanas. Os registros legais mostram que tinham poder no antigo Banco dos Estados Unidos [abolido por Andrew Jackson]."

No século XIX, os principais financistas do Leste metropolitano do país puxavam o tapete financeiro uns dos outros, mas à medida que suas vítimas do Oeste rural começaram a organizar-se politicamente, os "magnatas" perceberam que tinham uma "comunidade de interesses" em prol da qual deveriam trabalhar juntos para proteger-se de milhares de agricultores irados e concorrentes promissores. Essa difusão de poder econômico foi um dos principais fatores que estimularam aqueles que desejavam monopólio empresarial e financeiro a exigir um banco central.

Em *Years of Plunder* [Anos de espoliação], Proctor Hansl escreve o seguinte a respeito dessa época: "Entre os Morgan, Kuhn-Loeb e outros pilares da ordem industrial, havia menos disposição de envolver-se em discordâncias que levavam a desarranjos financeiros. Uma comunidade de interesses passou a existir, com resultados que foram altamente benéficos..."

Fora dos principais centros do Oeste, porém, a maioria dos banqueiros americanos e de seus clientes ainda desconfiava muito da ideia. Para mostrar aos interioranos que precisavam de um sistema bancário central, os banqueiros internacionais criaram uma série de pânicos como demonstração do próprio poder — uma advertência do que aconteceria se os outros banqueiros não entrassem na linha. O homem encarregado de conduzir essas lições foi J. Pierpont-Morgan, nascido nos Estados Unidos, mas educado na Inglaterra e na Alemanha. Muitos, inclusive o deputado Louis McFadden (banqueiro que chefiou por dez anos a Comissão de Operações Bancárias e Moeda da Câmara), consideram Morgan o principal agente americano dos Rothschild ingleses.

No final do século, Morgan já tinha bastante experiência na criação de pânicos artificiais. Essas coisas eram bem coordenadas. O senador Robert Owen, um dos autores da Lei do Federal Reserve (que depois se arrependeu profundamente do papel que exerceu), testemunhou diante de uma comissão do Congresso que o banco de que era proprietário recebeu da Associação Nacional dos Bancos o que veio a ser conhecido como a "Circular do Pânico de 1893". Ela afirmava: "Você retirará um terço da sua circulação imediatamente e exigirá o pagamento de metade dos seus empréstimos..."

O historiador Frederick Lewis Allen relata, no número de 25 de abril de 1949 da revista *Life*, o papel de Morgan na difusão de rumores sobre a insolvência do Knickerbocker Bank e da Trust Company of America, rumores que desencadearam o pânico de 1907. Em resposta à pergunta "Morgan desencadeou o pânico?", Allen conta o seguinte: "Oakleigh Thorne, o presidente daquela companhia específica de truste, testemunhou mais tarde diante de uma comissão que seu banco havia sofrido apenas retiradas moderadas... que ele não tinha se inscrito para receber auxílio e que foi apenas a declaração [de Morgan] sobre o 'ponto nevrálgico' que causou a corrida ao seu banco. A partir desse testemunho, acrescido das medidas disciplinares tomadas pela Câmara de Compensação contra os bancos Heinze, Morse e Thomas, mais outros fragmentos de provas supostamente pertinentes, certos cronistas chegaram à engenhosa conclusão de que as participações de Morgan tiraram vantagem das condições incertas do outono de 1907 para desencadear o pânico, guiando-o com astúcia ao longo de seu progresso de modo a arruinar os bancos rivais e consolidar a proeminência dos bancos na órbita de Morgan."

Ao "pânico" que Morgan criara, ele deu fim quase sozinho, pois já havia apresentado seu argumento. Frederick Allen explica: "A lição do Pânico de 1907 foi clara, embora tenham se passado ainda seis anos antes de ser destinada a incorporar-se à legislação: os Estados Unidos precisavam urgentemente de um sistema bancário central..."

O homem que desempenharia o papel mais significativo na concessão desse banco central aos EUA seria Paul Warburg, que emigrara da Alemanha para os Estados Unidos com seu irmão Félix em 1902 (ver Quadro 4), deixando o irmão Max (que depois seria um dos grandes financiadores da Revolução Russa) em Frankfurt para gerir o banco da família (M.N. Warburg & Co.).

Paul Warburg casou-se com Nina Loeb, filha de Solomon Loeb, da Kuhn, Loeb & Co., a firma de operações bancárias internacionais mais poderosa dos Estados Unidos. O irmão Félix casou-se com Frieda Schiff, filha de Jacob Schiff, o poder controlador por trás da Kuhn, Loeb & Co. Stephen Birmingham escreve no respeitado *Our Crowd*: "No século XVIII, os Schiff e os Rothschild compartilhavam uma casa dupla" em Frankfurt. Afirma-se que Schiff comprou a sua parte na Kuhn, Loeb & Co. com dinheiro dos Rothschild. Tanto Paul quanto Félix tornaram-se sócios da Kuhn, Loeb & Co.

Em 1907, o ano do pânico impulsionado por Morgan, Paul Warburg começou a passar quase todo o tempo escrevendo e palestrando sobre a necessidade de uma "reforma bancária". A Kuhn, Loeb & Co. comportou-se com tanto civismo a respeito do tema que continuou a pagar-lhe um salário de 500 mil dólares anuais enquanto, pelos próximos seis anos, ele doava o próprio tempo ao "bem público".

Trabalhando com Warburg na promoção da reforma bancária estava Nelson Aldrich, conhecido como "o corretor de Morgan no Plenário do Senado". Abby, filha de Aldrich, casou-se com John D. Rockefeller Jr.

QUADRO 4

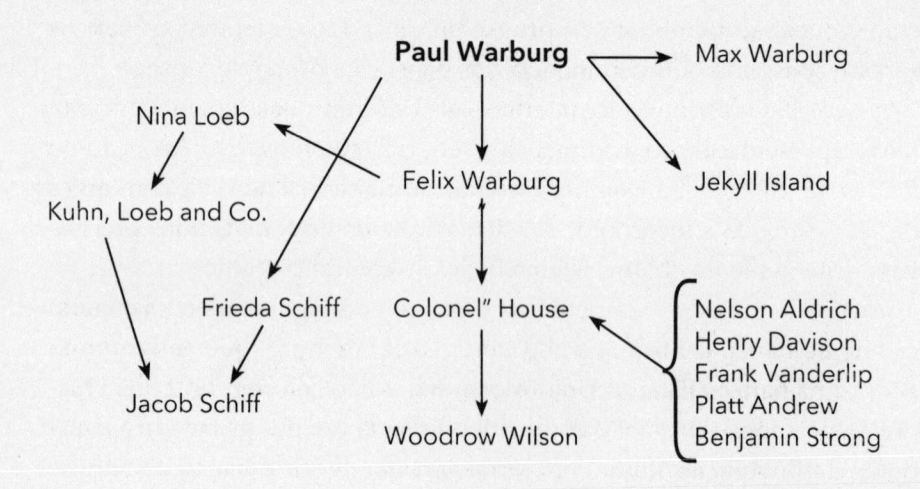

Depois do pânico de 1907, Aldrich foi nomeado, pelo Senado, presidente da Comissão Monetária Nacional. Embora não tivesse conhecimento técnico de operações bancárias, Aldrich e sua equipe gastaram quase dois anos e 300 mil dólares dos pagadores de impostos em vinhos e jantares com os donos dos bancos centrais europeus enquanto faziam turismo pelo continente "estudando" os bancos centrais. Quando a comissão retornou do passeio de luxo, não fez nenhuma reunião nem publicou nenhum relatório por quase dois anos. Mas o senador Aldrich estava ocupado "planejando" as coisas. Junto com Paul Warburg e outros banqueiros internacionais, ele sediou uma das reuniões secretas mais importantes da história dos Estados Unidos. Muitos anos mais tarde, Frank Vanderlip, agente dos Rockefeller, admitiu nas suas memórias: "A despeito das minhas opiniões sobre o valor social de dar mais publicidade aos assuntos das corporações, houve uma ocasião, perto do fim de 1910, em que eu agi de maneira tão secreta — em verdade tão furtiva — quanto qualquer conspirador... Não creio que seja nem um pouco exagerado considerar que a nossa expedição secreta à Ilha de Jekyll foi a ocasião da concepção efetiva do que se tornaria depois o Federal Reserve System [o banco central americano]."

O segredo era bastante justificado. O que estava em jogo era o controle de toda a economia. O senador Aldrich expedira convites confidenciais a Henry P. Davidson, da J. P. Morgan & Co.; Frank A. Vanderlip, presidente do National City Bank, de propriedade dos Rockefeller; A. Piatt Andrew, secretário adjunto do Tesouro; Benjamin Strong, da Morgan's Bankers Trust Company; e Paul Warburg. Todos eles deveriam acompanhá-lo à Ilha de Jekyll, na Geórgia, para redigir as recomendações finais do relatório da Comissão Monetária Nacional. Segundo B. C. Forbes, em *Men Who Are Making America* [Homens que estão fazendo a América], aconteceu o seguinte lá: "Depois de uma discussão geral decidiu-se elaborar certos princípios amplos a respeito dos quais todos concordavam. Todos os membros do grupo votaram a favor de um banco central como o fundamento de qualquer sistema bancário." (p. 399).

Warburg ressaltou que o nome "banco central" deveria ser evitado a qualquer custo. Decidiu-se promover o esquema como um sistema de "reservas regionais" com quatro (mais tarde 12) ramos em diferentes regiões do país. Os conspiradores sabiam que o banco de Nova York dominaria os outros, que seriam grandes "elefantes brancos" para ludibriar o público.

Da reunião na Ilha de Jekyll saiu a conclusão do relatório da Comissão Monetária e o Projeto de Lei de Aldrich. Warburg propusera que o projeto fosse denominado "Federal Reserve System", mas Aldrich insistiu que seu próprio nome já estava associado, na mente do público, à reforma bancária e que levantaria suspeitas a apresentação de um projeto que não tivesse seu nome. No entanto, o atrelamento do nome dele ao projeto provou-se o beijo da morte, pois qualquer lei com seu nome era obviamente proposta dos banqueiros internacionais.

Quando não se conseguiu que o Projeto de Lei de Aldrich passasse no Congresso, uma nova estratégia teve de ser elaborada. O Partido Republicano estava excessivamente ligado a Wall Street. A única esperança para a criação de um banco central era disfarçá-lo e fazer com que os democratas apresentassem o projeto como uma medida para tirar poder de Wall Street. A oportunidade de fazer isso veio com a proximidade das eleições presidenciais de 1912. A reeleição do presidente, o republicano William Howard Taft, que tinha se oposto à Lei de Aldrich, parecia uma aposta garantida, até que seu antecessor, o também republicano Theodore Roosevelt, resolveu concorrer pelo Partido Progressista. Em *America's 60 Families* [As sessenta famílias da América], Ferdinand Lundberg constata: "Assim que Roosevelt deu a entender que desafiaria Taft novamente, a derrota do presidente se tornou inevitável. Ao longo da disputa tripartite [Taft-Roosevelt-Wilson], Roosevelt foi acompanhado o tempo todo por [Frank] Munsey e [George] Perkins [agentes de Morgan], que forneceram dinheiro, revisaram discursos, trouxeram pessoas de Wall Street para ajudar e, em geral, carregaram todo o fardo da campanha contra Taft...

Perkins e a J. P. Morgan & Co. eram a substância do Partido Progressista; tudo o mais era adorno...

Em suma, a maior parte da campanha de Roosevelt foi financiada pelos dois capangas de Morgan que desejavam o escalpo de Taft." (p. 110-112).

O candidato democrata, Woodrow Wilson, era igualmente propriedade de Morgan. Em *The Triumph of Conservatism* [O triunfo do conservadorismo], o dr. Gabriel Kolko relata o seguinte: "No final de 1907, ele [Wilson] apoiou o Projeto de Lei de Aldrich para o sistema bancário e era só elogios para o papel de Morgan na sociedade americana." (p. 205). De acordo com Lundberg: "Por quase vinte anos antes da sua nomeação, Woodrow Wilson moveu-se às sombras de Wall Street." (p. 112).

Wilson e Roosevelt puseram-se a rodar o país, cada um tentando superar o outro nas acusações rebuscadas (e hipócritas) ao "truste do dinheiro" de Wall Street — o mesmo grupo de *Adeptos* que estava financiando a campanha de ambos.

Nas linhas seguintes, Kolko relata que, no início de 1912, a reforma bancária "parecia um tema morto... O movimento pela reforma bancária tinha se isolado totalmente". Wilson, porém, ressuscitou a questão e prometeu ao país um sistema monetário liberto da dominação dos banqueiros internacionais de Wall Street. Além disso, a plataforma democrata afirmava expressamente: "Nós nos opomos ao plano de Aldrich de ter um banco central." Mas os "garotões" sabiam quem haviam comprado. Entre os financistas internacionais que contribuíram em peso com a campanha de Wilson estavam, além dos mencionados, Jacob Schiff, Bernard Baruch, Henry Morgenthau, Thomas Fortune Ryan e o dono do *New York Times*, Adolph Ochs.

O capanga dos *Adeptos* que controlava Wilson e que apresentou o programa ao Congresso foi o misterioso "coronel" Edward Mandel House, educado na Inglaterra, filho de um representante dos interesses financeiros ingleses no Sul americano. O título era honorário; House nunca serviu ao exército. Ele mexia as cordinhas estritamente nos bastidores e é considerado por muitos historiadores o verdadeiro presidente dos Estados Unidos durante os anos Wilson. House publicou o livro *Philip Dru: Administrator*, em que lista como etapas para atingir o seu objetivo de estabelecer "o socialismo como sonhado por Karl Marx" a aprovação de um imposto de renda progressivo e de um banco central que fornecesse "[papel-] moeda flexível [inflacionável]". O imposto de renda progressivo e o banco central são dois dos dez pontos programáticos de *O manifesto comunista*.

Em *The Intimate Papers of Colonel House* [Os papéis pessoais do coronel House], o professor Charles Seymour refere-se ao "coronel" como o "guardião invisível" da Lei do Federal Reserve. A obra de Seymour contém numerosos documentos e registros que mostram contato constante entre House e Paul Warburg enquanto a Lei do Federal Reserve era preparada e seguia pelo Congresso. O biógrafo George Viereck garante que "os Schiff, os Warburg, os Kuhn, os Rockefeller e os Morgan depositaram sua fé em House". A fé foi amplamente recompensada.

Para dar credibilidade à ficção de que a Lei do Federal Reserve era "um projeto do povo", os financistas *Adeptos* adotaram a camuflagem de opor-se a ele. Foi um caso daqueles em que alguém finge desprezo precisamente pela pessoa de que quer chamar a atenção. Tanto Aldrich quanto Vanderlip condenaram o projeto que era, na realidade, de autoria deles. Quase 25 anos depois, Vanderlip admitiu: "Embora o plano de Aldrich de criação do Federal Reserve tenha sido derrotado quando portava o nome de Aldrich, os pontos essenciais dele estavam todos contidos no plano que foi finalmente adotado."

Tirando vantagem do desejo do Congresso de suspender as atividades para o Natal, a Lei do Federal Reserve foi aprovada em 22 de dezembro de 1913, por 298 votos favoráveis e 60 contrários na Câmara, e 43 a 25 no Senado. Wilson cumprira a promessa que fizera aos *Adeptos* para se tornar presidente. Warburg disse a House: "Bom, não tem exatamente tudo o que queríamos, mas o que falta pode ser ajustado depois mediante processos administrativos."

Houve oposição genuína à lei, mas ela não foi capaz de enfrentar o poder dos defensores do projeto. O conservador Henry Cabot Lodge proclamou com grande clarividência: "Parece-me que, do modo como está, o projeto abre caminho para uma grande inflação monetária... Não me agrada pensar que se pode aprovar uma lei que tornará possível submergir o padrão-ouro em um dilúvio de papel-moeda irredimível." (Registro do Congresso, 10 de junho de 1932.) Depois da votação, o deputado Charles A. Lindbergh declarou ao Congresso: "Esta lei estabelece o truste mais gigantesco da Terra... Quando o presidente a assinar, o governo invisível do poder financeiro, cuja existência foi provada pela investigação do Truste do Dinheiro, será legalizado...

Este é o Projeto de Lei de Aldrich disfarçado...

A nova lei criará inflação toda vez que os trustes desejarem inflação..."

A Lei do Federal Reserve foi, e ainda é, saudada como uma vitória da "democracia" contra o "truste do dinheiro". Nada poderia estar mais longe da verdade. Toda a ideia do banco central foi gestada pelo mesmo grupo que ela supostamente despojaria de poder. O mito de que o "truste do dinheiro" fora deposto deveria ter explodido quando Paul Warburg foi nomeado para o primeiro Conselho Diretor do Federal Reserve — que foi escolhido a dedo pelo coronel House. Paul Warburg renunciou ao salário de 500 mil dólares por ano como sócio da Kuhn, Loeb & Co. para aceitar o emprego que lhe pagava 12 mil dólares por ano no Federal Reserve. Os "acidentalistas" que dão aula nas nossas universidades gostariam que você acreditasse que ele fez isso porque era um "cidadão com espírito cívico". E o homem que foi presidente do Federal Reserve de Nova York nos seus anos decisivos foi o mesmo Benjamin Strong das participações de Morgan, que acompanhou Warburg, Davison, Vanderlip e os outros à Ilha de Jekyll, na Geórgia, para redigir o Projeto de Lei de Aldrich.

Qual é o poder do "banco central" americano? O Federal Reserve controla a oferta de dinheiro e as taxas de juros, e, portanto, manipula a economia inteira — criando inflação ou deflação, recessão ou prosperidade, e fazendo com que o mercado de ações suba ou caia a seu bel-prazer. O Federal Reserve é tão poderoso que o deputado Wright Patman, presidente da Comissão de Operações Bancárias da Câmara, sustenta: "Nos Estados Unidos de hoje, temos na prática dois governos... Temos o devido governo constituído... e um governo independente, sem controle e sem coordenação no Federal Reserve System, exercendo os poderes financeiros que são reservados ao Congresso pela Constituição."

Nem presidentes, nem deputados, nem secretários do Tesouro controlam o Federal Reserve! Em questões de dinheiro, o Federal Reserve é que os controla! O secretário do Tesouro David M. Kennedy admitiu, em uma entrevista à edição de 5 de maio de 1969 do *U.S. News & World Report*, que não há controles ao poder do "Fed":

P: "Você aprova as últimas movimentações de restrição de crédito?"

R: "Não é tarefa minha aprovar ou desaprovar. É atividade do Federal Reserve."

O professor Carroll Quigley, das universidades de Harvard, Princeton e Georgetown, publicou um livro revelando o plano dos banqueiros internacionais de controlar o mundo desde os bastidores da política e da economia, bem como os planos dos bilionários de estabelecer ditaduras dos super-ricos disfarçadas de democracias trabalhistas.

J. P. Morgan criou pânicos artificiais usados como desculpa para aprovar a Lei do Federal Reserve. Morgan ajudou a empurrar os Estados Unidos para a Primeira Guerra Mundial para proteger seus empréstimos ao governo britânico. Ele financiou grupos socialistas para criar um governo centralizado totalitário que os banqueiros internacionais controlariam dos bastidores. Depois da sua morte, seus sócios ajudaram a financiar a Revolução Bolchevique na Rússia.

E, muito curiosamente, o Federal Reserve System jamais foi auditado, e resistiu firme a todas as tentativas do presidente da Comissão de Operações Bancárias da Câmara, Wright Patman, de fazer uma auditoria. (*New York Times*, 14 de setembro de 1967.)

Qual foi o nível de sucesso do Federal Reserve System? Depende do ponto de vista. Desde que Woodrow Wilson fez seu juramento de posse, a dívida nacional americana saltou de 1 bilhão de dólares para 455 bilhões de dólares. A quantia total de juros paga aos banqueiros internacionais credores dessa dívida desde então é alarmante, com os juros se transformando no terceiro item mais caro do orçamento americano. Pagam-se atualmente 22 bilhões de dólares em juros da dívida nacional por ano, quantia que cresce de forma exorbitante à medida que a inflação empurra os juros dos títulos governamentais para cima. Enquanto isso, nosso ouro está hipotecado para os bancos centrais europeus e nossa prata foi toda vendida. Com a catástrofe econômica iminente, apenas um discípulo cego da "teoria acidental da história" conseguiria acreditar que tudo isso ocorreu por coincidência.

Quando o Federal Reserve System foi imposto ao inocente público americano, prometeu-se que era absolutamente garantido que não haveria mais ciclos de ampliação e retração da economia. Os homens que, nos bastidores, faziam pressão pela ideia do banco a serviço dos banqueiros internacionais prometeram fidedignamente que dali por diante só haveria crescimento econômico constante e prosperidade perpétua. O deputado Charles A. Lindberg, porém, proclamou com exatidão: "De agora em diante, as depressões serão criadas cientificamente."

O processo de usar um banco central para criar períodos alternados de inflação e deflação, ludibriando o público para obter enormes lucros, tinha sido transformado em uma ciência exata pelos banqueiros internacionais.

Depois de erguer o Federal Reserve como ferramenta para consolidar e controlar a riqueza, eles já estavam prontos para fazer uma enorme fortuna. Entre 1923 e 1929, o Federal Reserve expandiu (inflacionou) a oferta de dinheiro em 62 por cento. Muito desse novo dinheiro foi usado para elevar a bolsa de valores a alturas vertiginosas.

Ao mesmo tempo que enormes porcentagens de dinheiro a crédito tornavam-se disponíveis, a mídia de massa começou a fazer sensacionalismo com as fábulas de riquezas instantâneas que podiam ser conquistadas no mercado de ações. De acordo com Ferdinand Lundberg:

"Para que se tivesse lucros nesses fundos, o público precisava ser induzido a especular, e ele foi a isso induzido por relatos jornalísticos enganosos, muitos dos quais comprados e pagos pelos próprios corretores que operavam os fundos..."

Em 1928, as audiências da Câmara sobre a estabilização do poder de compra do dólar expuseram evidências de que o Conselho Diretor do Federal Reserve estava trabalhando em conjunto com os chefes dos bancos centrais europeus. A comissão da Câmara advertiu que um grande *crash* fora planejado em 1927. Em um almoço secreto dos membros do Conselho Diretor do Federal Reserve com os chefes dos bancos centrais europeus, a comissão advertiu, os banqueiros internacionais estavam preparando a forca.

Em 6 de fevereiro de 1929, Montagu Norman, diretor do Banco da Inglaterra, foi a Washington para uma conferência com Andrew Mellon, secretário do Tesouro. No dia 11 de novembro de 1927, o *Wall Street Journal* descreveu-o como o "ditador monetário da Europa". Carroll Quigley observa que Norman, confidente muito próximo de J. P. Morgan, admitiu: "Eu detenho a hegemonia do mundo." Imediatamente depois dessa misteriosa visita, o Conselho Diretor do Federal Reserve reverteu sua política de dinheiro fácil e começou a subir a taxa de redesconto.* A bolha que fora inflacionada ininterruptamente por quase sete anos estava prestes a ser detonada.

No dia 24 de outubro, a vaca foi para o brejo. William Bryan descreveu o que aconteceu em *The United States Unresolved Monetary and Political Problems* [Problemas monetários e políticos pendentes dos Estados Unidos]: "Quando tudo estava pronto, os financistas de Nova York começaram a fazer chamadas de margens. Isso significa que os corretores de ações e seus clientes tinham de liquidar suas ações no mercado para pagar as margens, o que naturalmente levou ao colapso do mercado de ações e do sistema bancário em todo o país, porque os bancos que não eram de propriedade da oligarquia estavam envolvidos em peso nas chamadas de margens naquele momento, e corridas aos bancos logo esgotaram sua oferta de moeda corrente, e eles tiveram de fechar. O Federal Reserve System não viria em seu auxílio, ainda que eles fossem instruídos por lei a manter uma oferta elástica de moeda."

O público investidor, inclusive a maior parte dos corretores de ações e dos banqueiros, levou um golpe terrível no *crash*, mas não os *Adeptos*,

---

* Taxa que os bancos pagam por empréstimos que tomam das reservas do banco central. Com o aumento da taxa de redesconto, os bancos têm menos liquidez para emprestar e, portanto, a oferta de moeda na economia diminui. (N. T.)

que ou estavam fora do mercado ou venderam a descoberto,* de modo que obtiveram enormes lucros enquanto o Dow Jones desabava.

Para quem sabia como a banda tocava, um comentário de Paul Warburg fizera soar o alarme para vender. O sinal veio em 9 de março de 1929, quando o *Financial Chronicle* citou este saudável conselho de Warburg: "Se é dada permissão para que orgias de especulação irrestrita cheguem longe demais... é certo que o colapso final... causará uma depressão generalizada que afetará todo o país."

Vigaristas conseguiram, mais tarde, comprar as ações de volta com desconto de 90 por cento em relação aos valores estratosféricos de antes.

Pensar que o *crash* de 1929 foi acidente ou resultado de estupidez afronta qualquer lógica; ele foi, ao contrário, engendrado cientificamente. Os banqueiros internacionais que tanto promoveram as políticas inflacionárias quanto bancaram a propaganda que bombardeou o mercado de ações representavam muitas gerações de conhecimento acumulado, e jamais teriam simplesmente metido os pés pelas mãos na Grande Depressão.

O deputado Louis McFadden, presidente da Comissão de Operações Bancárias e Moeda da Câmara, comentou: "[A depressão] não foi acidental. Foi uma ocorrência cuidadosamente tramada... Os banqueiros internacionais procuraram gerar uma situação de desespero aqui de modo que pudessem emergir como controladores de todos nós."

Embora não tenhamos encarado outra depressão da magnitude daquela que se seguiu a 1929, sofremos desde então de recessões periódicas. Cada uma delas sucedeu um período em que o Federal Reserve pisou fundo no acelerador de dinheiro e depois deu um pisão no freio. Desde 1929, as seguintes recessões foram criadas por tais manipulações:

---

* Venda a descoberto, ou *short selling*, é uma operação de venda de um ativo que não se possui; a ideia é que o preço dele cairá e será possível comprá-lo de volta, lucrando com a venda. Quedas abruptas nos preços das ações, portanto, são ótimas oportunidades para realizar essa operação. (N. do T.)

1936-1937 .... Bolsa caiu 50 por cento
1948.............. Bolsa despencou 16 por cento
1953.............. Ações em queda de 13 por cento
1956-1957 .... Mercado cai 13 por cento
1957.............. No final do ano o mercado baixou 19 por cento
1960.............. Perdas de 17 por cento na bolsa
1966.............. Preços no mercado caem 25 por cento
1970.............. Bolsa cai 25 por cento

O Quadro 5, baseado em um que apareceu em 24 de junho de 1969 na *Indicator Digest*, publicação financeira altamente respeitada, mostra os efeitos das políticas de expansão ou retração da oferta monetária do Fed no índice Dow Jones. É assim que se manipula o mercado de ações e que as recessões ou depressões são cientificamente criadas. Se tiver informações de bastidor a respeito das diretrizes que o Federal Reserve adotará, você poderá ganhar fortunas.

Os membros do Conselho Diretor do Fed são indicados pelo presidente para mandatos de 14 anos. Como controlam toda a economia do país, a posição deles é muito mais importante do que a de secretários de governo; mas quem, exceto talvez o presidente do Fed, já ouviu falar de algum deles? As indicações, que deveriam ser amplamente debatidas pelo Senado, são aprovadas de modo rotineiro. Mas nos EUA, assim como na Europa, esses homens são apenas laranjas, colocados lá a mando dos banqueiros internacionais que financiam as campanhas políticas de ambos os partidos políticos americanos.

E o professor Quigley revela que os financistas que eram proprietários e controladores do Banco da Inglaterra e do Banco da França mantiveram o poder mesmo depois que esses bancos foram teoricamente nacionalizados. O sistema americano é levemente diferente, mas o efeito final é o mesmo — dívida em perpétua expansão que requer o pagamento de juros cada vez maiores, inflação, recessões e depressões periódicas criadas cientificamente.

O resultado final, se os *Adeptos* conseguirem o que querem, será o sonho de Montagu Norman do Banco da Inglaterra: "Que a Hegemonia Financeira Mundial reine suprema sobre todas as pessoas, em todos os

lugares, como um único mecanismo de controle supranacional integral."
(*Montagu Norman*, John Hargrave, Greystone Press, Nova York, 1942.)

QUADRO 5

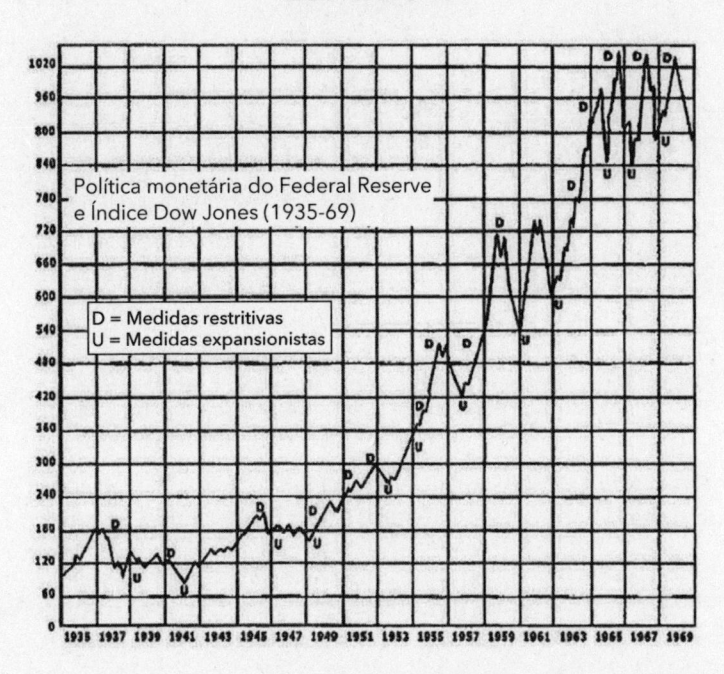

Política monetária do Federal Reserve e Índice Dow Jones (1935-69)

D = Medidas restritivas
U = Medidas expansionistas

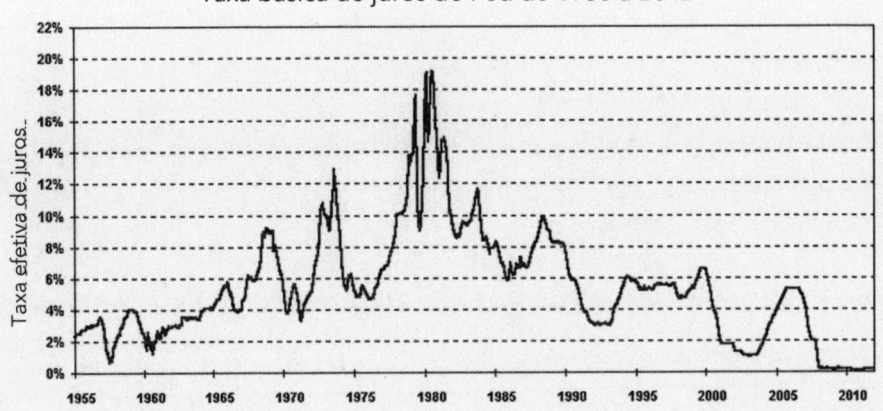

Taxa básica de juros do Fed de 1955 a 2012

CAPÍTULO 4

Bancando a Revolução Bolchevique

A CRIAÇÃO DO FEDERAL RESERVE SYSTEM FORNECEU À "conspiração" um instrumento por meio do qual os banqueiros internacionais poderiam elevar a dívida nacional às alturas, recebendo com isso enormes somas em juros e passando a controlar o devedor. Só durante o governo Wilson, o débito nacional aumentou 800 por cento.

Dois meses antes da aprovação da Lei do Federal Reserve, os conspiradores criaram o mecanismo de arrecadação da receita para pagar os juros da dívida. O mecanismo era o imposto de renda progressivo, o segundo ponto programático de *O manifesto comunista*, de Karl Marx, que contém dez pontos para SOCIALIZAR um país.

Presume-se, naturalmente, que essa medida encontraria oposição dos ricos, mas o fato é que muitos dos americanos mais ricos a apoiaram. Alguns, sem dúvida, por altruísmo e porque, no início, a alíquota era bem baixa. Mas outros apoiaram o projeto porque já tinham um plano para evitar tanto o imposto de renda quanto o subsequente imposto sobre herança.

O que aconteceu foi o seguinte: na virada do século, os populistas, grupo formado por socialistas rurais, estavam ganhando força e ameaçando o poder dos banqueiros e monopolistas industriais de Nova York. Embora dessem as respostas erradas, os populistas faziam muitas perguntas certas. Infelizmente, eles foram levados a acreditar que o controle que os banqueiros-monopolistas tinham sobre o governo, ao qual se opunham, era produto da livre-iniciativa.

Como a ameaça populista aos cartelistas vinha da esquerda (não havendo nenhum movimento político organizado em defesa do *laissez-faire*),* os *Adeptos* agiram para capturar a esquerda. O professor Quigley revela que, cerca de cinquenta anos atrás, a firma de Morgan decidiu infiltrar-se no movimento político de esquerda dos Estados Unidos. A tarefa não foi difícil, pois os grupos de esquerda precisavam de fundos e ansiavam por fazer sua mensagem chegar ao público. Wall Street resolveu os dois problemas. Não houve nada de novo nessa decisão, afirma Quigley, pois outros financistas já haviam conversado a respeito e até tentado coisa semelhante antes: "O que tornou a iniciativa decisiva desta vez foi a combinação da sua adoção pelo principal financista de Wall Street, em uma época na qual a política de impostos impelia todos os financistas a buscarem refúgios de isenção fiscal para suas fortunas..."(p. 938.)

Para avançar, os movimentos radicais precisam conseguir atrair grandes financiadores e/ou apoio externo. Oswald Spengler, o grande historiador do século XX, foi uma das pessoas que viram o que a esquerda se recusa a ver: que ela mesma é controlada pelo seu suposto inimigo, os malfeitores de grande riqueza. Spengler afirma o seguinte no monumental *Declínio do Ocidente*: "Não existe nenhum movimento proletário, nem mesmo movimentos comunistas, que não tenha operado de acordo com os interesses do dinheiro, na direção indicada pelo

---

* Laissez-faire ("deixai fazer") é expressão-símbolo do liberalismo econômico, que significa "o mercado deve funcionar livremente, sem interferência". Essa filosofia tornou-se dominante nos EUA e países ricos da Europa no final do século XIX até o início do século XX.

dinheiro e pelo período permitido pelo dinheiro — e isso sem que os idealistas entre seus líderes tenham a mais leve suspeita do fato."

Embora o movimento populista não fosse essencialmente parte da conspiração, a sua plataforma e sua ideologia de esquerda tinham sido feitas sob medida para os *Adeptos* da elite, pois almejavam a concentração de poder no governo. Os *Adeptos* sabiam que poderiam controlar esse poder e usá-lo em proveito próprio. Eles não tinham, evidentemente, interesse em promover a competição, mas em restringi-la. O professor Gabriel Kolko preparou um extenso volume em que apresenta provas inegáveis de que os manipuladores das grandes corporações *promoveram* grande parte das chamadas "leis progressistas" das eras Roosevelt e Wilson — leis cujo objetivo declarado era controlar os abusos deles, mas que foram escritas de modo a adequar-se a seus interesses. Em *The Triumph of Conservatism* (com que Kolko, erroneamente, quer dizer grande capital), ele observa: "... a expressiva razão por que muitos empresários saudaram a intervenção governamental em seus negócios e trabalharam para aumentá-la tem sido virtualmente ignorada pelos historiadores e pelos economistas. Esse lapso se deve à ilusão de que a indústria americana era monopolizada e centralizada em tal grau que conseguiria racionalizar voluntariamente a atividade [regular a produção e os preços] de seus vários ramos. A verdade é o exato oposto. Apesar do grande número de fusões e do crescimento em tamanho absoluto de muitas corporações, a tendência dominante da economia americana no início deste século era a competição crescente, que era inaceitável para muitos interesses industriais e financeiros de peso..."

Para os *Adeptos*, a melhor maneira de eliminar essa competição crescente era aplicar o imposto de renda progressivo aos concorrentes ao mesmo tempo que redigiam as leis de maneira a embutir saídas de emergência para si próprios. Na verdade, pouquíssimos proponentes do imposto perceberam que estavam fazendo o jogo daqueles que pretendiam controlar. Como observa Ferdinand Lundberg em *The Rich and the Super-Rich* [Os ricos e os super-ricos]: "O que ele [imposto de renda] se tornou, no fim das contas, foi um sifão inserido gradualmente no bolso do público em geral. Impingido aos louvores populares como um imposto de classe, o imposto de renda se transformou pouco a pouco, mediante um giro de jiu-jitsu, em um imposto de massas..."

O principal porta-voz dos *Adeptos* no Senado nesse período era Nelson Aldrich, um dos conspiradores envolvidos na criação do Federal Reserve e avô materno de Nelson Aldrich Rockefeller. Lundberg afirma que "quando Aldrich falava, os jornalistas entendiam que, embora as palavras fossem dele, a ideia central sem dúvida tinha sido aprovada por 'Big John [D. Rockefeller]'..." Anos antes, Aldrich acusara o imposto de renda de ser "comunista e socialista", mas em 1909 ele deu uma assombrosa reviravolta dramática. O *American Biographical Dictionary* comenta: "Exatamente no momento em que a oposição se tornou poderosa, ele [Aldrich] tirou o vento de suas velas ao apresentar, com apoio do presidente [Taft], uma proposta de emenda à Constituição que dava poder ao Congresso para cobrar imposto de renda."

Na biografia que escreveu do deputado Cordel Hull, Howard Hinton lembra que Hull, que vinha fazendo pressão pela aprovação do imposto de renda na Câmara, fez esta observação assombrosa:

"Nas últimas semanas, o inesperado espetáculo de certos líderes republicanos no Congresso, supostamente 'conservadores tradicionais' [sic], revertendo repentinamente a posição que haviam sustentado a vida inteira e aparentando esposar, com mal disfarçada relutância, a proposta de emenda constitucional do imposto de renda, foi ocasião de espanto e surpresa universais."

A rota de fuga dos *Adeptos* para não pagar imposto de renda estava pronta. Quando a emenda foi aprovada pelos estados (mesmo antes da aprovação do imposto de renda), as fundações Rockefeller e Carnegie estavam em pleno funcionamento.

É preciso lembrar que, ostensivamente, foi para quebrar os monopólios da Standard Oil (Rockefeller) e da U.S. Steel (Carnegie) que se aprovaram as várias leis antitruste. Agora, os dois monopolistas podiam aumentar sua riqueza sem pagar impostos enquanto os concorrentes tinham de lidar com o imposto de renda graduado que dificultava o acúmulo de capital. Como dissemos, o socialismo não é um programa de distribuição de riqueza, como os socialistas gostariam que você acreditasse, mas um programa de consolidação e controle de riqueza feito para os *Adeptos*. A Comissão Reece, do Congresso, que investigou as fundações em 1953, provou com uma aterradora quantidade de evidências que as várias fundações de Rockefeller e Carnegie vêm promovendo o socialismo desde a sua origem. (Ver Rene Wormser, *Foundations: Their Power and Influence* [Fundações: seu poder e influência], Devin Adair, Nova York, 1958.)

Agora, os conspiradores já haviam criado mecanismos para aumentar a dívida, para que esta fosse paga e para evitar que eles mesmos tivessem de pagar os impostos requeridos para saldar os juros anuais dela. Assim, tudo de que se necessitava era um motivo para acelerar a velocidade do aumento do débito. Não há nada que deixe os países mais endividados do que as guerras. E a Primeira Guerra Mundial estava em gestação na Europa.

Em 1916, Woodrow Wilson foi reeleito por um fio, baseando sua campanha no *slogan*: "Ele nos deixou de fora da guerra!" A opinião pública dos EUA se opunha vigorosamente ao envolvimento do país numa guerra europeia. Ficar de fora das perenes querelas estrangeiras fora a tradição americana desde George Washington. Mas enquanto rodava o país dando a sua palavra de honra de que não mandaria soldados americanos a uma guerra estrangeira, Wilson se preparava para fazer exatamente o oposto. Seu "alter ego", como ele chamava o coronel House, estava, nos bastidores, fazendo acordos com os ingleses nos quais os EUA se comprometiam a entrar na guerra. Cinco meses depois, foi o que aconteceu. A mesma turma cujas maquinações tinham resultado no imposto de renda e no Federal Reserve System queria a entrada dos EUA na guerra. J. P. Morgan, John D. Rockefeller, o coronel House, Jacob Schiff, Paul Warburg e os demais conspiradores da Ilha de Jekyll ficaram todos profundamente envolvidos em incluir o país. Muitos deles haviam emprestado à Inglaterra grandes somas de dinheiro. Na verdade, a J. P. Morgan & Co. foi a agente financeira dos britânicos no país durante a Primeira Guerra.

Ainda que todos os motivos que se costumam oferecer para a eclosão da guerra na Europa tenham sido, sem dúvida, parte dos fatores que levaram a ela, houve também outras causas mais importantes. A conspiração planejara o conflito por mais de duas décadas. O assassinato do arquiduque austríaco foi apenas um incidente que forneceu a desculpa para lançar uma reação em cadeia.

Depois de anos de luta, a guerra estava em um impasse completo, e teria terminado quase imediatamente em um acordo negociado (como a maioria dos conflitos europeus anteriores) se os Estados Unidos não tivessem declarado guerra à Alemanha.

Assim que a eleição de Wilson foi ganha com o *slogan* "Ele nos deixou de fora da guerra!", instituiu-se uma completa inversão da propaganda. Naquela época, antes da invenção do rádio e da televisão, a opinião pública americana era controlada quase exclusivamente pelos jornais, muitos dos quais eram de propriedade da turma do Federal Reserve. Nesse momento, eles começaram a bater os tambores pela "inevitabilidade da guerra". Arthur Ponsonby, deputado do Parlamento Britânico, admitiu no seu livro *Falsehood in War Time* [Mentira em tempo de guerra] (E.P. Dutton & Co., Inc., Nova York, 1928): "Deve ter havido mais mentira deliberada no mundo de 1914 a 1918 do que em qualquer outro período da história mundial." A propaganda a respeito da guerra era enormemente unilateral. Embora muitos historiadores tenham reconhecido, depois do conflito, que os dois lados foram igualmente responsáveis pelo seu início, a Alemanha era retratada como um monstro militarista que queria controlar o mundo. Lembre-se de que esse quadro era pintado pelos britânicos, que tinham soldados em mais países ao redor do mundo do que todos os outros países juntos. O chamado "militarismo prussiano" de fato existia, mas não oferecia nenhuma ameaça de conquista do mundo. Enquanto isso, o sol nunca se punha no Império Britânico! Na verdade, os alemães estavam provando-se duros concorrentes comerciais nos mercados do mundo, e os britânicos não aceitavam.

Para gerar furor de guerra, o afundamento do *Lusitania* — um navio britânico torpedeado dois anos antes — foi revivido e ganhou novas manchetes. A guerra submarina alemã foi transformada em uma grande questão pelos jornais. Mas era uma falsa questão. A Alemanha e a Inglaterra se encontravam em guerra. Uma bloqueava a outra. J. P. Morgan e outros financistas estavam vendendo munições aos ingleses. Os alemães não poderiam permitir que esses suprimentos fossem entregues, assim como a Inglaterra não permitiria que eles fossem entregues à Alemanha. Se Morgan queria correr o risco de vender munições para a Inglaterra e obter a recompensa (ou sofrer as consequências), era problema dele. Certamente, não era motivo nenhum para que um país inteiro fosse arrastado à guerra.

Quando afundou, o *Lusitania* carregava 6 milhões de libras esterlinas em munição. Na verdade, era ilegal que passageiros americanos estivessem a bordo de um navio que carregava munição para beligerantes. Quase dois anos antes do afundamento do transatlântico, o *New York Tribune* (em 19 de junho de 1913) publicou o seguinte: "Funcionários da Cunard admitiram hoje ao correspondente do *Tribune* que o navio está sendo equipado com armas navais de alto poder..." De fato, o *Lusitania* foi registrado na marinha britânica como cruzador auxiliar (Barnes, Harry E., *The Genesis of the War*, Alfred Knopf, Nova York, 1926, p. 611.) Além disso, o governo alemão publicou grandes anúncios em todos os jornais de Nova York advertindo os potenciais passageiros de que o navio carregava munição e dizendo-lhes para não cruzar o Atlântico nele. Quem escolheu fazer a viagem estava ciente dos riscos. No entanto, o afundamento do *Lusitania* foi usado por propagandistas engenhosos para retratar os alemães como desumanos assassinos de inocentes. A guerra submarina, portanto, foi uma controvérsia forjada para empurrar os EUA para o conflito. Em 6 de abril de 1917, o Congresso declarou guerra. O povo americano anuiu com base na ideia de que seria uma "guerra para acabar com todas as guerras".

Durante a "guerra para acabar com todas as guerras", o banqueiro *Adepto* Bernard Baruch foi feito ditador absoluto da indústria americana por Wilson, que o nomeou presidente do Conselho Diretor das Indústrias de Guerra, onde tinha controle de todos os contratos domésticos para material de guerra dos aliados. Enquanto fechava contratos governamentais de bilhões de dólares, Baruch fez muitos amigos, e circulou por Wall Street o rumor generalizado de que, com a guerra para tornar o mundo mais seguro para os banqueiros internacionais, ele acumulou 200 milhões de dólares para si mesmo.

O coronel House (à esquerda) era o laranja da fraternidade bancária internacional. Ele manipulava o presidente Woodrow Wilson (à direita) como a uma marionete. Wilson o chamava de "meu alter ego". House desempenhou papel central na criação do Federal Reserve System, na aprovação do imposto de renda progressivo e na inserção dos Estados Unidos na Primeira Guerra Mundial. A influência dele sobre Wilson é um exemplo de que, no mundo da suprapolítica, os verdadeiros governantes nem sempre são aqueles que o público vê.

Financista nascido na Alemanha, Paul Warburg foi o mentor da criação do Federal Reserve para colocar o controle da economia americana nas mãos dos banqueiros internacionais. O Federal Reserve controla a oferta de dinheiro, o que permite aos manipuladores criarem ciclos alternados de expansão e quebra, isto é, uma montanha-russa econômica. Isso possibilita que aqueles que têm conhecimento de como o mecanismo funciona ganhem fabulosas somas de dinheiro, mas, ainda mais importante, permite que os *Adeptos* controlem a economia e centralizem ainda mais o poder no governo federal.

Enquanto o banqueiro *Adepto* Paul Warburg controlava o Federal Reserve e o banqueiro *Adepto* Bernard Baruch negociava contratos governamentais, o banqueiro internacional Eugene Meyer, ex-sócio de Baruch e filho de um dos sócios da Lazard Freres — casa de operações bancárias internacionais dos Rothschild — foi a escolha de Wilson para chefiar a Corporação das Finanças de Guerra, onde ele também ganhou um dinheirinho. (Mais tarde, Meyer passou a controlar o enormemente influente Washington Post, que foi apelidado de "Washington Daily Worker").*

Deve-se notar que sir William Wiseman, o homem enviado pelo serviço de inteligência britânico para ajudar a levar os EUA para a guerra, foi amplamente recompensado pelos seus serviços. Ele permaneceu nos Estados Unidos depois do conflito como novo sócio do banco Kuhn, Loeb, controlado por Jacob Schiff e Paul Warburg.

A Primeira Guerra Mundial foi uma bonança financeira para os banqueiros internacionais, mas uma catástrofe de tamanha magnitude para os Estados Unidos que, mesmo hoje, poucos compreendem sua gravidade. A guerra reverteu a política externa tradicional do país de não se envolver em problemas estrangeiros, e desde então ele se vê quase sempre emaranhado em guerras perpétuas pela paz perpétua. Winston Churchill observou certa vez que teria sido melhor para todos os países se os Estados Unidos tivessem ficado na deles. Nesse caso, disse ele, "a paz teria sido acertada com a Alemanha; não teria havido o colapso que levou ao comunismo na Rússia, a ruptura de governo a que se seguiu o fascismo na Itália, e o nazismo jamais teria ganhado força na Alemanha". (*Social Justice Magazine*, 3 de julho de 1939, p. 4).

A Revolução Bolchevique na Rússia foi certamente um dos momentos decisivos da história mundial. Trata-se de um evento a respeito do qual a confusão é abundante. Os criadores de mitos e reescritores da história fizeram um excelente trabalho de pintura de cenários. A implantação do comunismo na Rússia é um exemplo clássico da segunda "grande mentira" do comunismo, isto é, a de que ele é um movimento das massas oprimidas

---

* [O *Daily Worker*, publicado em Nova York, era o jornal do Partido Comunista dos EUA.] (N. T.)

erguendo-se contra os patrões exploradores. Essa farsa engenhosa é fomentada desde antes da primeira fase da Revolução Francesa, em 1789.

Hoje em dia, a maior parte das pessoas acredita que os comunistas foram bem-sucedidos na Rússia porque conseguiram amalgamar a simpatia e a frustração do povo, farto da tirania dos czares. Isso é ignorar a história do que aconteceu de fato. Embora seja sempre lembrado que a Revolução Bolchevique aconteceu em novembro de 1917, poucas pessoas sabem que o czar havia abdicado sete meses antes, em março.

Quando Nicolau II abdicou, um governo provisório foi estabelecido pelo príncipe Lvov, que desejava basear o novo governo do país no modelo americano. Mas, infelizmente, o governo de Lvov deu lugar ao regime de Kerensky, um socialista supostamente democrático que talvez tenha esquentado lugar para os comunistas. Ele continuou na guerra contra a Alemanha e as outras potências centrais, mas publicou uma anistia geral aos comunistas e a outros revolucionários, muitos dos quais tinham sido exilados em decorrência da abortada Revolução Vermelha de 1905. Com isso, voltaram à Mãe Rússia 250 mil revolucionários dedicados, e o destino do governo do próprio Kerensky foi selado. Na União Soviética, assim como em todos os outros países comunistas (ou, como eles se referem a si mesmos, países socialistas), o poder não foi parar nas mãos dos comunistas porque as massas oprimidas o desejavam. O poder veio de cima para baixo em todos os casos. Revisemos brevemente a sequência de eventos que levou ao golpe comunista.

O ano é 1917. Em guerra com as potências centrais estão os aliados, que incluem a Rússia, a Comunidade Britânica, a França e, a partir de abril de 1917, os Estados Unidos. Em março de 1917, planejadores resolutos colocam em movimento as forças que compeliriam o czar Nicolau II a abdicar. Ele o fez sob pressão dos aliados depois de vários motins em Petrogrado (atual São Petersburgo), causados pelo colapso do sistema de transportes, que cortou o suprimento de comida para a cidade e levou ao fechamento de fábricas.

Mas onde estavam Lênin e Trótski enquanto tudo isso ocorria? Lênin, que estava na Europa Ocidental desde que fora exilado por tentar derrubar o czar na revolução falhada de 1905, encontrava-se na Suíça. Trótski também se achava no exílio, trabalhando como repórter de um jornal comunista em Nova York. Os bolcheviques não eram uma força política visível quando o czar abdicou. E eles chegaram ao poder não porque as massas oprimidas da Rússia os chamaram de volta, mas porque homens muito poderosos na Europa e nos Estados Unidos *os enviaram para lá*.

Lênin foi enviado pela Europa em guerra no famoso "trem selado" levando consigo por volta de 5 milhões a 6 milhões de dólares em ouro. Foi tudo arranjado pelo Estado Maior alemão e por Max Warburg, por meio de outro homem riquíssimo que foi socialista a vida inteira, Alexander Helphand, codinome "Parvus". Quando Trótski deixou Nova York a bordo do *S. S. Christiania*, em 27 de março de 1917, com sua comitiva de 275 revolucionários, o primeiro porto de escala foi Halifax, Nova Escócia, no Canadá. Lá, os canadenses agarraram Trótski e seu dinheiro e apreenderam ambos.

Era uma atitude bastante lógica do governo canadense, pois Trótski dissera várias vezes que, se conseguisse chegar ao poder na Rússia, interromperia imediatamente o que chamava de "guerra imperialista" e faria a paz em separado com a Alemanha. Isso faria com que milhões de soldados alemães fossem transferidos da Frente Oriental para a Ocidental, onde poderiam matar canadenses. Assim, Trótski mofou em uma prisão canadense — por cinco dias. Então, do nada, os britânicos (por meio de William Wiseman, o futuro sócio do Kuhn, Loeb) e os americanos (por meio de ninguém menos que o onipresente coronel House) pressionaram o governo canadense e, apesar do fato de que os EUA agora estavam na guerra, disseram, com todas as letras: "Soltem Trótski." Assim, com um passaporte americano, Trótski foi encontrar-se com Lênin. Eles se aliaram e, em novembro, por meio de propinas, artimanhas, brutalidades e fingimentos, conseguiram (não induzir as massas a se unir à sua causa, mas) contratar o número necessário de bandidos e fazer o número necessário de acordos para impor, a partir do cano de um revólver, aquilo que Lênin chamava de "todo o poder aos sovietes". Os comunistas chegaram ao poder tomando apenas um punhado de cidades fundamentais. Em verdade, praticamente toda a Revolução Bolchevique ocorreu em uma cidade — Petrogrado. Era como se os Estados Unidos inteiros se tornassem comunistas porque uma gangue tomou Washington. Levou anos para que os sovietes solidificassem o poder por toda a Rússia.

À primeira vista, os alemães tinham uma desculpa plausível para financiar Lênin e Trótski. Os maiores responsáveis pelo financiamento de Lênin foram Max Warburg e Alexander Helphand (alemão de origem russa). Eles podiam alegar que serviam à causa de seu país ajudando e bancando Lênin. No entanto, esses dois "patriotas" alemães deixaram de comunicar ao *kaiser* o plano de fomentar uma revolução comunista na Rússia. O quadro ganha uma nova dimensão quando se considera que o irmão de Max Warburg era Paul Warburg, motor principal da criação do Federal Reserve System, que da sua posição no Conselho Diretor do Federal Reserve desempenhou papel essencial no financiamento do esforço de guerra americano. (Quando vazou nos jornais americanos a notícia de que Max controlava as finanças alemãs, Paul renunciou à sua posição no Fed sem um pio.) Daqui por diante, o enredo é de embrulhar o estômago.

Pois o sogro de Félix, irmão de Max Warburg, era Jacob Schiff, sócio majoritário da Kuhn, Loeb & Co. (Paul e Félix Warburg, lembremo-nos, também eram sócios da Kuhn, Loeb & Co., enquanto Max controlava o banco da família, que era associado aos Rothschild, em Frankfurt.) Jacob Schiff também ajudou a financiar Leon Trótski. De acordo com o *New York Journal-American*, de 3 de fevereiro de 1949: "Atualmente, o neto de Jacob, John Schiff, estima que o velho pôs cerca de 20 milhões de dólares no triunfo final do bolchevismo na Rússia." (Ver Quadro 6.)

Uma das melhores fontes de informação sobre o financiamento da Revolução Bolchevique é *Czarism and the Revolution*, de um importante general russo chamado Arsene de Goulevitch, que fundou na França a União dos Povos Oprimidos. No livro, escrito em francês e depois traduzido para o inglês, Goulevitch observa: "Os principais fornecedores de fundos para a revolução, porém, não foram nem os milionários russos fanáticos nem os bandidos armados de Lênin. O dinheiro 'real' veio principalmente de certos círculos americanos e britânicos que, por um grande período do passado, tinham dado apoio à causa revolucionária na Rússia."

E depois: "O importante papel desempenhado pelo rico banqueiro americano Jacob Schiff nos eventos na Rússia, embora até agora revelado apenas parcialmente, já não é segredo."

Goulevitch cita o livro sobre a Revolução Bolchevique do general Alexander Nechvolodov: "Em abril de 1917, Jacob Schiff declarou publicamente que fora graças ao seu apoio financeiro que a revolução prosperara na Rússia. Na primavera do mesmo ano, Schiff começou a subsidiar Trótski...

Ao mesmo tempo, Trótski e companhia também estavam sendo subsidiados por Max Warburg, por Olaf Aschberg, do Nye Banken de Estocolmo... pelo Rhine Westphalian Syndicate e por Jivotovsky... cuja filha depois se casou com Trótski."

Schiff gastou milhões para derrubar o czar e mais milhões para derrubar Kerensky. Ele enviava dinheiro para a Rússia desde muito antes de o mundo conhecer o verdadeiro caráter dos bolcheviques. Schiff levantou 10 milhões de dólares, supostamente para oferecer ajuda humanitária aos judeus russos afetados pela guerra, mas eventos posteriores revelaram que se tratou de um bom investimento. (Forbes, B.C., *Men Who Are Making America*, p.334-335.)

De acordo com Goulevitch: "Bakhmetiev, o falecido embaixador da Rússia Imperial nos Estados Unidos, informa-nos que os bolcheviques, depois da vitória, transferiram 600 milhões de rublos em ouro para a Kuhn, Loeb & Co. [empresa de Schiff] entre os anos 1918 e 1922."

A participação de Schiff na Revolução Bolchevique, embora naturalmente seja negada hoje, era bem conhecida pelos serviços de inteligência dos aliados na época. Isso levou a muitos rumores de que o bolchevismo seria uma trama judaica. O resultado foi que o tema do financiamento do golpe comunista na Rússia se tornou tabu. Evidências posteriores indicam que quem financiou os bolcheviques foi uma associação de banqueiros internacionais, que além do clã de Schiff-Warburg incluía sócios de Morgan e Rockefeller. Documentos mostram que a organização de Morgan colocou pelo menos 1 milhão de dólares na vaquinha da revolução vermelha.*

---

* Hagedorn, Herman, *The Magnate*, John Day, Nova York. Ver também *Washington Post*, 2 de fevereiro de 1918, p. 195.

QUADRO 6

FINANCIANDO A REVOLUÇÃO BOLCHEVIQUE

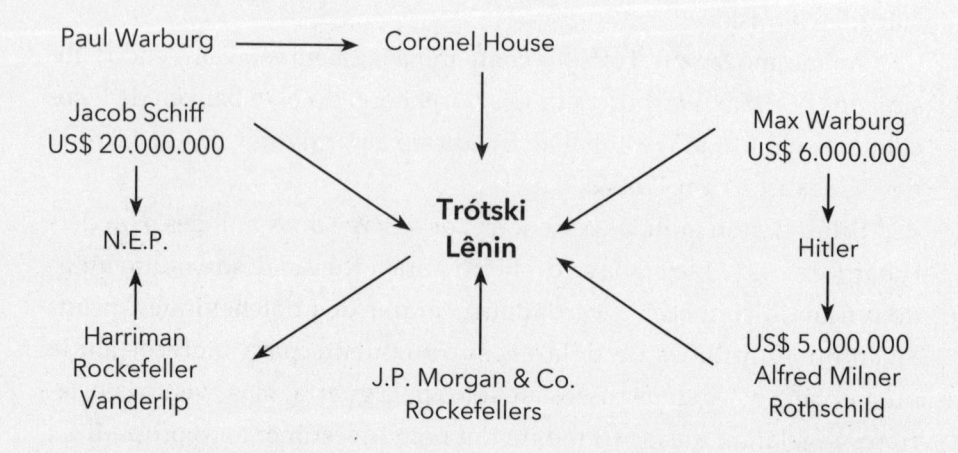

Outro importante financiador da Revolução Bolchevique foi um inglês riquíssimo, lorde Alfred Milner, que era endossado por lorde Rothschild e foi organizador e líder da associação secreta Grupo da Mesa Redonda (que será discutida no próximo capítulo).

Goulevitch observa ainda: "Em 7 de abril de 1917, o general Janin fez a seguinte anotação em seu diário ('Au G.C.C. Russé' [no quartel-general russo] — *Le Monde Slave*, vol. 2, 1927, p. 296-297): Demorada entrevista com R., que confirmou o que já me havia sido dito por M. Depois de referir-se ao ódio dos alemães por ele e por sua família, ele se voltou ao tema da revolução, que, afirmou, foi arquitetada pelos ingleses e, mais precisamente, por sir George Buchanan e por lorde (Alfred) Milner. Petrogrado, na época, estava apinhada de ingleses... Ele garantiu que era capaz de nomear as ruas e os números das casas nas quais os agentes britânicos se encontravam alojados. Afirma-se que, durante o levante, eles distribuíram dinheiro aos soldados e os incitaram ao motim."

A seguir, Goulevitch revela: "Disseram-me em conversas particulares que mais de 21 milhões de rublos foram gastos por lorde Milner no financiamento da Revolução Russa."

É preciso observar à margem que lorde Milner e Paul, Félix e Max Warburg representaram "seus" respectivos países na Conferência de Paz de Paris no final da Primeira Guerra Mundial.

Se o fato de Max Warburg ter financiado Lênin pode, em alguma medida, ser atribuído a "patriotismo" alemão, certamente não foi "patriotismo" que inspirou Schiff, Morgan, Rockefeller e Milner a bancar os bolcheviques. Tanto a Grã-Bretanha quanto os Estados Unidos estavam em guerra com a Alemanha e eram aliados da Rússia czarista. Libertar dúzias de divisões alemãs para deslocar-se da Frente Oriental para a França e matar centenas de milhares de soldados americanos e britânicos não era nada menos que traição.

Veem-se na Revolução Bolchevique muitos dos mesmos rostos responsáveis pela criação do Federal Reserve System, pela aprovação do imposto de renda progressivo, pelo estabelecimento das fundações com isenção fiscal e pela pressão para que os EUA entrassem na Primeira Guerra. No entanto, se concluir que há nisso algo mais que mero acidente, você será imediatamente excluído da alta sociedade.

É impossível as revoluções prosperarem sem organização e dinheiro. Em geral, as "massas oprimidas" fornecem pouco da primeira e nada do segundo. Mas os *Adeptos* do topo podem providenciar ambos. O que essas pessoas poderiam ganhar financiando a Revolução Russa? O que tinham a ganhar mantendo-a viva e sem problemas financeiros ou, como fizeram na década de 1920, despejando milhões de dólares no que Lênin chamou de Nova Política Econômica, salvando, por esse meio, os sovietes do colapso?

Por que razão esses "capitalistas" fariam tudo isso? Se você pretende conquistar o mundo, é preciso começar por algum lugar. Pode ser que tenha sido coincidência, mas a Rússia era o único país importante da Europa que não tinha banco central. Na Rússia, pela primeira vez, a conspiração comunista ganhou um lar geográfico a partir do qual poderia lançar ataques contra os outros países do mundo. Agora o Ocidente tinha um inimigo.

Na Revolução Bolchevique, veem-se alguns dos homens mais ricos e mais poderosos do mundo financiando um movimento que alega como base de sua própria existência a ideia de privar homens como os

Rothschild, os Rockefeller, os Schiff, os Warburg, os Morgan, os Harriman e os Milner de sua riqueza. É evidente, no entanto, que esses homens não têm o menor medo do comunismo internacional. A conclusão lógica é que se eles o financiaram e não têm medo dele, deve ser porque o controlam. Pode haver alguma outra explicação que faça sentido? Lembre-se de que por mais de 150 anos o procedimento operativo padrão da família Rothschild e de seus aliados fora controlar ambos os lados de todos os conflitos. É preciso ter um "inimigo" para conseguir cobrar do rei. O equilíbrio de poder político entre o Ocidente e o Oriente é usado como uma das principais desculpas para socializar os EUA. Embora esse não fosse seu objetivo principal, com a nacionalização da Rússia os *Adeptos* compraram uma enorme porção de propriedade imobiliária, complementada com direitos sobre mineração, por algo entre 30 milhões e 40 milhões de dólares.

O modo como Moscou é controlada a partir de Nova York, Paris ou Londres só pode ser teorizado. Sem dúvida, muito do controle é econômico, mas certamente os banqueiros internacionais têm um braço coercitivo dentro da Rússia para manter os líderes soviéticos na linha. Talvez esse braço seja a Smersh, a organização assassina do comunismo internacional descrita por testemunhas a comissões do Congresso e por Ian Fleming nos livros de James Bond. Pois embora os romances sobre Bond fossem bastante fantasiosos, Fleming participou dos serviços de inteligência da marinha britânica, tinha excelentes contatos nos serviços de inteligência ao redor do mundo e era, segundo se conta, um astuto estudioso da conspiração internacional.

Mas o que sabemos concretamente é o seguinte: um grupo de financistas americanos não apenas ajudou a estabelecer o comunismo na Rússia como se empenha com vigor desde então para mantê-lo vivo. Desde 1918, esse grupo se engaja em transferir dinheiro e, o que talvez tenha ainda mais importância, informações técnicas para a União Soviética. Isso fica abundantemente claro no estudo em três volumes *Western Technology and Soviet Economic Development* [Tecnologia ocidental e desenvolvimento econômico soviético], de Antony Sutton, erudito da Hoover Institution on War, Revolution and Peace, da Universidade de Stanford. Usando, na maior parte das vezes, documentos oficiais do Departamento de Estado, Sutton mostra de forma conclusiva que virtualmente tudo o que os

Lorde Alfred Milner, inglês riquíssimo e laranja dos Rothschild, atuou como tesoureiro dos banqueiros internacionais em Petrogrado durante a Revolução Bolchevique. Posteriormente, Milner liderou a sociedade secreta conhecida como Grupo da Mesa Redonda, que se dedicava a estabelecer um governo mundial por meio do qual um grupo de financistas super-ricos controlaria o mundo sob o manto do socialismo. O subsidiário americano dessa conspiração é o Conselho das Relações Exteriores, e foi criado, e ainda é controlado, por banqueiros internacionais esquerdistas.

De acordo com seu neto John, Jacob Schiff, sócio de longa data dos Rothschild, financiou a revolução comunista na Rússia com a importância de 20 milhões de dólares. De acordo com um relatório arquivado pelo Departamento de Estado, sua empresa, a Kuhn, Loeb & Co., bancou o primeiro plano quinquenal de Stalin. Paul Warburg, sócio e parente de Schiff, planejou a criação do Federal Reserve System enquanto recebia salário da Kuhn, Loeb & Co. Atualmente, os descendentes de Schiff são ativos no Conselho das Relações Exteriores.

Sede do Conselho das Relações Exteriores, na 68th St., em Nova York. O objetivo confesso do CRE é abolir a Constituição americana e substituir a outrora independente república do país por um governo mundial. Os membros do CRE controlaram os últimos seis governos. Richard Nixon foi um de seus membros, e indicou pelo menos cem associados do CRE para altas posições no seu governo.

soviéticos possuem foi adquirido do Ocidente. Não é muito exagero dizer que a URSS foi feita nos EUA. Os desenhistas de cenários, incapazes de refutar o monumental rigor acadêmico de Sutton, simplesmente o desenham de fora da imagem.

Em Versalhes, esse mesmo grupo retalhou a Europa e preparou o palco para a Segunda Guerra Mundial. Como comentou lorde Curzon: "Isso não é um tratado de paz, mas uma simples interrupção das hostilidades." Em 1933, os mesmos *Adeptos* pressionaram Roosevelt a reconhecer a União Soviética, salvando-a assim do colapso financeiro, ao mesmo tempo que subscreviam grandes empréstimos dos dois lados do Atlântico para o novo regime de Adolf Hitler. Ao fazê-lo, ajudaram enormemente a estabelecer o palco para a Segunda Guerra Mundial e os eventos que se seguiram. Em 1941, os mesmos *Adeptos* correram em socorro do nosso "nobre aliado" Stalin, depois do rompimento dele com Hitler. Em 1943, esses mesmos *Adeptos* marcharam para a Conferência de Teerã e dedicaram-se a retalhar a Europa depois da segunda grande "guerra para acabar com todas as guerras". De novo, em Yalta e Potsdam, em 1945, eles formularam a política para a China... mais tarde resumida por Owen Lattimore do seguinte modo: "O problema era como permitir que eles [China] caíssem sem fazer parecer que os EUA os tinham empurrado." Os fatos são inescapáveis. Em um país após o outro, o comunismo foi imposto à população de cima para baixo. As forças mais preeminentes na imposição dessa tirania vieram dos Estados Unidos e da Grã-Bretanha. Eis uma acusação que nenhum americano sente prazer em fazer, mas os fatos não deixam nenhuma outra conclusão possível. A ideia de que o comunismo é um movimento das massas oprimidas é uma fraude.

Nada do que foi dito faz sentido se o comunismo de fato for aquilo que os comunistas e o *establishment* nos dizem que ele é. Mas se o comunismo for um braço de uma conspiração mais ampla de bilionários loucos por poder (e de acadêmicos brilhantes, mas implacáveis, que lhes mostram como usar o poder de que dispõem) para controlar o mundo, tudo se torna perfeitamente lógico.

É neste ponto que é preciso mais uma vez deixar claro que essa conspiração não é constituída apenas por cartelistas e banqueiros internacionais, mas inclui todos os ramos de empreendimento humano. Começando por Voltaire e Adam Weishaupt, perpassando por John Ruskin, Sidney Webb e Nicholas Murray Butler, e continuando no presente com Henry Kissinger e John Kenneth Galbraith, sempre foram os intelectuais em busca de caminhos para o poder que mostraram aos "filhos dos poderosíssimos" como a riqueza deles poderia ser usada para governar o mundo.

Não podemos ressaltar o suficiente a importância de que o leitor lembre que este livro discute apenas um segmento da conspiração: certos banqueiros internacionais. Outros segmentos igualmente importantes que se empenham para fomentar conflitos trabalhistas, religiosos e raciais para promover o socialismo foram descritos em inúmeros outros livros. Na maior parte dos casos, essas outras divisões da conspiração trabalham de maneira independente dos banqueiros internacionais, e seria, sem dúvida, desastroso ignorar o perigo que oferecem à nossa liberdade.

Seria igualmente desastroso jogar todos os empresários e banqueiros na massa da conspiração. É preciso traçar uma distinção entre a livre-iniciativa competitiva, o sistema mais moral e mais produtivo já concebido, e o capitalismo de cartel dominado por industriais monopolistas e banqueiros internacionais. A diferença é que o empreendedor privado opera oferecendo produtos e serviços em um livre mercado competitivo, ao passo que o capitalista de cartel usa o governo para forçar o público a fazer negócios com ele. Esses socialistas corporativos são inimigos mortais da livre-iniciativa competitiva.

Os militantes da esquerda estão dispostos a acreditar que esses "chefões" fraudam preços, manipulam mercados, estabelecem monopólios, compram políticos, exploram empregados e os demitem um dia antes de poderem aposentar-se, mas se recusam terminantemente a acreditar que esses mesmos homens poderiam desejar subjugar o mundo ou usar o comunismo como a lâmina de corte de sua conspiração. Quando se discutem as maquinações desses homens, os militantes de esquerda costumam responder dizendo: "Mas você não acha que eles são bem-intencionados?"

No entanto, nesse campo, se você pensar com lógica, racionalidade e precisão e tentar desmascarar os caçadores de poder, a grande mídia o acusará de ser um perigoso paranoico tentando "dividir" o povo. Em todas as outras áreas, é claro, ela encoraja o dissenso como algo saudável em uma "democracia".

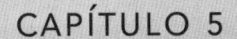

CAPÍTULO 5

Estabelecendo o establishment

1942, Toulon. Quase toda a frota francesa é afundada pelos próprios tripulantes para evitar que fossem usados pelos inimigos (alemães e italianos) na Segunda Guerra Mundial.

UM DOS PRINCIPAIS MOTIVOS QUE LEVARAM OS *ADEPTOS* a trabalhar nos bastidores para fomentar a Primeira Guerra foi a intenção de criar, como efeito dela, um governo mundial. Para estabelecer monopólios nacionais é necessário controlar governos nacionais. Para estabelecer monopólios ou cartéis internacionais é preciso controlar um governo mundial.

Depois do Armistício, em 11 de novembro de 1918, Woodrow Wilson e seu alter ego, o coronel House (o onipresente laranja dos *Adeptos*), foram para a Europa com a esperança de implantar um governo mundial sob a forma da Liga das Nações. Quando as negociações revelaram que um lado era tão culpado quanto o outro e o brilho da "cruzada moral" evaporou junto com os presunçosos "14 Pontos" de Wilson, o "pessoal lá de casa" começou a acordar. Instalaram-se a reação e a desilusão.

Não havia a menor dúvida de que os americanos não desejavam embarcar em um governo mundial com europeus trapaceiros cuja especialidade era esconder tratados secretos atrás de outros tratados secretos.

O convidado de honra, por assim dizer, foi espantado antes que a refeição envenenada pudesse ser servida. E sem a inclusão dos Estados Unidos, não poderia haver governo mundial relevante.

A opinião pública alerta tornou óbvio que o Senado americano não ousaria ratificar um tratado que pretendia atar o país a tal compromisso internacionalista. Seria preciso vender ao público, de algum modo, a ideia do internacionalismo e do governo mundial. De novo, a chave foi o coronel House.

Em 1912, House registrara suas ideias políticas no livro *Philip Dru: Administrator*, no qual delineia um plano levemente ficcionalizado para conquistar os Estados Unidos mediante a implantação do "socialismo como sonhado por Karl Marx". Ele descreve uma "conspiração" — a palavra é dele — que consegue eleger um presidente americano por meio do "fingimento com relação a suas verdadeiras intenções e opiniões". Entre outras coisas, House escreveu que a conspiração deveria insinuar-se "nas primárias, para que não pudesse ser nomeado nenhum candidato cujas visões não estivessem de acordo com as deles". As eleições deveriam tornar-se um mero teatro conduzido para ludibriar o povão. A ideia era usar tanto o Partido Democrata quanto o Partido Republicano como instrumentos para a promoção do governo mundial.

Em 1919, House encontrou-se em Paris com membros de uma "sociedade secreta" britânica chamada Grupo da Mesa Redonda para criar uma organização cuja tarefa seria doutrinar os cidadãos dos Estados Unidos, da Inglaterra e da Europa Ocidental com relação às glórias do governo mundial. A grande oferta era, claro, "a paz". Muito naturalmente, a parte em que os *Adeptos* implantam uma ditadura mundial foi deixada de fora.

O Mesa Redonda brotara na Inglaterra do sonho dourado de Cecil Rhodes, magnata do ouro e do diamante, de construir uma "nova ordem mundial". A biógrafa de Rhodes, Sara Millin, foi um pouquinho mais direta em sua colocação: "O simples desejo de Rhodes era o governo do mundo." Quigley observa: "Em meados da década de 1890, Rhodes tinha a renda pessoal de pelo menos 1 milhão de libras esterlinas por ano (então cerca de 5 milhões de dólares), que gastava com tanta liberalidade para alcançar seus propósitos misteriosos que com frequência o saldo da sua conta ficava negativo..."

O empenho de Cecil Rhodes com uma conspiração para implantar um governo mundial foi registrado em uma série de testamentos descritos por Frank Aydelotte no livro *American Rhodes Scholarships*. Escreve Aydelotte: "Os sete testamentos que Rhodes compôs entres os 24 e os 46 anos [ele morreu com 48 anos] constituem uma espécie de autobiografia espiritual... os mais conhecidos são o primeiro (o Testamento da Sociedade Secreta...) e o último, que estabeleceu as Bolsas de Rhodes...

No primeiro testamento, Rhodes formula sua meta com mais especificidade: 'A ampliação do governo britânico para todo o mundo... a criação de uma potência tão imensa que torne as guerras doravante impossíveis e promova os interesses da humanidade.'

A 'Confissão de Fé' amplia essas ideias. O modelo para a proposta da sociedade secreta foi a Sociedade de Jesus, embora ele também mencione os maçons."

Note-se que o inventor desse tipo de sociedade secreta foi Adam Weishaupt, o desnaturado que fundou a Ordem dos Illuminati em 1º de maio de 1776 com o objetivo de conspirar para controlar o mundo. O papel dos confrades de Weishaupt em horrores como o Reino do Terror é inquestionável, e reconhece-se há muito tempo que as técnicas dos Illuminati servem de modelo para a metodologia comunista. Weishaupt também usou a estrutura da Sociedade de Jesus (os jesuítas) como modelo e reescreveu seu código em termos maçônicos. Aydelotte prossegue: "Em 1888, Rhodes fez seu terceiro testamento, deixando tudo para lorde Rothschild [seu financiador nos empreendimentos de mineração], acompanhado de uma carta contendo 'a questão escrita discutida entre nós'. Esta, pode-se conjecturar, consistia no primeiro testamento e na 'Confissão de Fé', dado que Rhodes instrui em um pós-escrito que 'ao considerar as questões sugeridas, pegue a Constituição dos Jesuítas se disponível...'"

Mais tarde, lorde Rothschild foi, aparentemente por razões estratégicas, removido da vanguarda do esquema. O professor Quigley revela que lorde Rosebury "substituiu seu sogro, lorde Rothschild, no grupo secreto de Rhodes e foi feito curador no testamento seguinte (e último) de Rhodes".

A "sociedade secreta" foi organizada no padrão conspiratório dos círculos dentro dos círculos. Quigley informa que a parte central da "sociedade secreta" foi fundada em março de 1891 usando o dinheiro de Rhodes. A organização era controlada em nome de Rothschild por lorde Alfred Milner, que, como visto no último capítulo, foi um dos principais financiadores da Revolução Bolchevique. O Mesa Redonda atuou, dos bastidores, nos níveis mais elevados do governo britânico, influenciando a política externa e o envolvimento e a conduta da Inglaterra na Primeira Guerra Mundial. De acordo com o professor Quigley: "No final da guerra de 1914, tornou-se claro que a organização deste sistema [o Grupo da Mesa Redonda] tinha de ser bastante ampliada. Mais uma vez, a tarefa foi confiada a Lionel Curtis, que implantou, na Inglaterra e em cada um dos territórios, uma organização de fachada para o Grupo da Mesa Redonda em operação. Esta organização chamada Instituto Real de Assuntos Internacionais (IRAI), tinha como núcleo em cada área o Grupo da Mesa Redonda operando na clandestinidade. Em Nova York, ela era conhecida como Conselho das Relações Exteriores, e era uma fachada de J. P. Morgan e companhia em associação com o diminuto Grupo da Mesa Redonda americano. Os organizadores americanos eram dominados pelo grande número de 'especialistas' de Morgan que haviam ido à Conferência de Paz de Paris e se tornado, lá, amigos próximos do grupo similar de 'especialistas' ingleses que tinham sido recrutados pelo grupo de Milner. De fato, os planos originais do Instituto Real de Assuntos Internacionais e do Conselho das Relações Exteriores [CRE] foram elaborados em Paris..."

Joseph Kraft (CRE), no entanto, conta na *Harper's* de julho de 1958 que o principal agente na fundação formal do CRE foi o coronel House, *respaldado* por protegidos tais como Walter Lippmann, John Foster Dulles, Allen Dulles e Christian Herter. Foi House que atuou como anfitrião do Grupo da Mesa Redonda, tanto o inglês quanto o americano, na decisiva reunião de 19 de maio de 1919, no Majestic Hotel, em Paris, que confiou à conspiração a criação do CRE.

Embora Quigley ressalte a importância dos homens de Morgan na criação da organização conhecida como Conselho das Relações Exteriores, os próprios materiais da organização e as próprias memórias do coronel House revelam o papel dele como parteiro do CRE. O 21º Relatório Anual do CRE relata o seguinte a respeito da fundação da organização em Paris: "... O Instituto de Assuntos Internacionais fundado em Paris em 1919 compreendia, no início, duas sucursais, uma no Reino Unido e uma nos Estados Unidos "

Posteriormente, o plano foi mudado para criar uma autonomia ostensiva, porque "... não parecia inteligente criar um único instituto com duas sucursais". Era preciso fazer parecer que O CRE NOS EUA E O IRAI na Grã-Bretanha eram corpos de fato independentes, caso contrário o público americano se daria conta de que o CRE era, na verdade, uma sucursal do Grupo da Mesa Redonda e reagiria com fúria patriótica.

De acordo com Quigley, ao fim da Primeira Guerra Mundial as dinastias financeiras mais importantes dos Estados Unidos eram (além de Morgan) a família Rockefeller; Kuhn, Loeb & Co.; Dillon Read & Co. e Brown Bros. Harriman. Todas estavam representadas no CRE, e Paul Warburg foi um dos incorporadores. A turma dos *Adeptos* que criou o Federal Reserve System, dentre os quais muitos que também bancaram a Revolução Bolchevique, estava toda entre os membros originais. Além de Paul Warburg, encontravam-se entre os fundadores do CRE os financistas *Adeptos* Jacob Schiff, Averell Harriman, Frank Vanderlip, Nelson Aldrich, Bernard Baruch, J. P. Morgan e John D. Rockefeller. Esses homens não criaram o CRE porque não tinham nada melhor a fazer com o próprio dinheiro e o próprio tempo. Criaram-no como ferramenta para levar suas ambições adiante.

O CRE veio a ser conhecido como "O Establishment", "o governo invisível" e "o departamento de relações internacionais da família Rockefeller". Essa organização semissecreta tornou-se, inquestionavelmente, o grupo mais influente dos EUA. Um dos raros artigos sobre o Conselho a aparecer na imprensa americana foi publicado no *Christian Science Monitor* do dia 1º de setembro de 1961. Ele começa do seguinte modo: "No lado oeste da elegante Park Avenue, na 68th Street [em Nova York], repousam, frente a frente, dois belos edifícios. Um é a embaixada soviética nas

Nações Unidas. Exatamente em frente, a sudoeste, fica o Conselho das Relações Exteriores — provavelmente umas das organizações semipúblicas mais influentes no campo das relações internacionais."

Embora a lista de membros formais do CRE compreenda cerca de 1.500 nomes dentre as pessoas mais influentes do governo, do sindicalismo, da indústria, das finanças, das comunicações, das fundações e do meio acadêmico — e apesar do fato de que ele preencheu quase todas as posições mais importantes de todos os governos desde FDR —, é duvidoso que um americano a cada mil chegue a reconhecer o nome da organização, ou que um a cada 10 mil consiga dizer qualquer coisa a respeito da sua estrutura ou de seu propósito. Indicativo da capacidade do CRE de manter-se no anonimato é o fato de que, apesar de ele operar nas mais altas esferas há quase cinquenta anos e de contar entre seus membros, desde o início, os principais leões da mídia do *establishment*, nós descobrimos, depois de analisar volumes que abrangiam várias décadas do *Readers' Guide To Periodical Literature*, que apenas um artigo de revista sobre ele apareceu em uma grande publicação nacional — e foi na *Harper's*, nem de longe uma revista de grande circulação. Similarmente, poucos artigos sobre o Conselho apareceram nos maiores jornais americanos. Tanto anonimato, em tal escala, dificilmente pode ser uma questão de mero acaso.

O que torna essa organização secreta tão influente? Ninguém que sabe com certeza dirá. O *Christian Science Monitor*, que é editado por um membro do Mesa Redonda americano (um ramo da sociedade secreta de Milner), chegou a observar no artigo de 1º de setembro de 1961 que "a sua equipe... contém nomes eminentes nos campos da diplomacia, do governo, da indústria, das finanças, da ciência, do sindicalismo, do jornalismo, do direito, da educação. O que uniu uma sociedade tão abrangente e díspar foi uma ardorosa preocupação com os rumos da política externa americana".

O *Christian Science Monitor* aponta o fantástico poder que o CRE teve nos seis últimos governos: "Devido à obstinada dedicação do Conselho ao estudo da política externa americana e à meditação sobre ela, há um fluxo constante de seus membros do setor privado para o serviço público. *Quase metade dos membros do Conselho já foi convidada a assumir posições oficiais no governo ou a atuar em consultoria em algum momento."*(Grifo nosso.)

As políticas promovidas pelo CRE nos campos da defesa e das relações internacionais tornaram-se, com uma regularidade que desafia a lei das probabilidades, as políticas oficiais do governo dos Estados Unidos. Como observou no artigo da *Harper's* o colunista esquerdista Joseph Kraft, ele próprio membro do CRE: "Ele foi o assento de algumas decisões fundamentais do governo, estabeleceu o contexto de muitas outras e funcionou inúmeras vezes como base de recrutamento para autoridades superiores." O artigo de Kraft, a propósito, pertinentemente intitula-se "Escola de estadistas" — uma admissão de que os membros do CRE são treinados com uma "linha" estratégica que deve ser levada a Washington.

À medida que a Segunda Guerra Mundial se aproximava, o Grupo da Mesa Redonda trabalhava para que Hitler não fosse parado na Áustria, na Renânia nem nos Sudetos — e foi, portanto, grandemente responsável pelo desencadeamento do Holocausto. Uma nova guerra planetária elevaria muito a oportunidade de implantar um governo mundial. O financiamento da ascensão de Hitler ao poder foi realizado por meio do Mendelsohn Bank, de Amsterdã, controlado pela família Warburg, e posteriormente pelo J. Henry Schroeder Bank com filiais em Frankfurt, Londres e Nova York. A principal empresa que prestava assessoria jurídica ao J. Henry Schroeder Bank era a Sullivan and Cromwell, entre cujos sócios majoritários estavam John Foster Dulles* e Allen Dulles. (Ver James Martin, *All Honorable Men*, Little Brown Co., Nova York, 1950, p. 51. Ver também Quigley, p.433.)

Com o Mesa Redonda fazendo sua parte na Europa, o CRE deu prosseguimento ao jogo nos Estados Unidos. A primeira tarefa era infiltrar-se no Departamento de Estado e passar a controlá-lo na prática — para garantir que depois da Segunda Guerra Mundial não acontecessem as falhas que haviam se seguido à Primeira Guerra. A história da tomada do

---

* John Foster Dulles foi secretário de Estado de 1953 a 1959, no governo Eisenhower, e desempenhou importante papel na Guerra Fria. (N. do T.)

Departamento de Estado pelo CRE está na publicação 2.349 do órgão, *Report To The President On The Results of the San Francisco Conference* [Relato ao presidente sobre os resultados da Conferência de São Francisco]. É o relatório do secretário de Estado Edward R. Stettinius (CRE) para o presidente Truman. Na página 20 encontra-se o seguinte: "Com a eclosão da guerra na Europa, ficou claro que os Estados Unidos se defrontariam, depois dela, com problemas novos e excepcionais... Consequentemente, estabeleceu-se, sob sugestão do CRE, uma Comissão de Problemas do Pós-Guerra antes do final de 1939 [dois anos antes de os EUA entrarem no conflito]. A Comissão consistia em altos funcionários do Departamento de Estado [com uma exceção, todos membros do CRE] e teve a assistência de uma equipe de pesquisa [fornecida, financiada e dirigida pelo CRE], que se transformou, em fevereiro de 1941, na Divisão de Pesquisas Especiais [e saiu da folha de pagamento do CRE para entrar na do Departamento de Estado].

[Depois de Pearl Harbor] as instalações de pesquisa foram rapidamente ampliadas, e a Comissão de Problemas do Pós-Guerra tornou-se a Comissão de Assessoria de Política Externa do Pós-Guerra [completamente preenchida pelo CRE]." (Ver também o folheto do CRE *A Record of Twenty Years*, 1921-1947 [um registro de 20 anos, 1921-1947].)

Este é o grupo que planejou as Nações Unidas — o primeiro grande passo bem-sucedido na rota para um supraestado mundial. No mínimo 47 membros do CRE estavam entre os delegados americanos da fundação da ONU em São Francisco em 1945. Faziam parte desse grupo, por exemplo, Harold Stassen, John J. McCloy, Owen Lattimore (classificado pela Subcomissão de Segurança Interna do Senado como "instrumento articulado consciente da conspiração soviética"), Alger Hiss (espião comunista), Philip Jessup, Harry Dexter White (agente comunista), Nelson Rockefeller, John Foster Dulles, John Carter Vincent e Dean Acheson.

Só para ter certeza de que os membros do Partido Comunista entendiam a importância da criação da ONU, o *Political Affairs*, o periódico teórico oficial do Partido, deu a ordem no número de abril de 1945: "Deve-se angariar para as diretrizes das Nações Unidas grande apoio e entusiasmo popular, bem organizado e completamente articulado. Mas também é necessário fazer mais do que isso. É preciso deixar a oposição tão impotente que ela não consiga obter nenhum apoio relevante no Senado contra a Carta das Nações Unidas e os tratados que se seguirão."

Será que a arraia-miúda do partido algum dia chegou a questionar por que deveria apoiar uma organização dominada pelas odiadas personalidades de "Wall Street"? Os desenhistas de cenários da grande mídia se superaram ao pintar a ONU como uma organização voltada para a paz, e não uma fachada dos banqueiros internacionais.

Membros do Conselho das Relações Exteriores não apenas determinaram a criação da ONU, mas estiveram no cangote do presidente americano em Teerã, Potsdam e Yalta — onde centenas de milhões de seres humanos foram entregues nas mãos de Joseph Stalin, ampliando enormemente o poder da Conspiração Comunista Internacional. Lauchlin Currie — um membro chave do CRE e assistente administrativo de Franklin Roosevelt nessa época — mais tarde foi identificado por J. Edgar Hoover como agente soviético.

O CRE dominou o Departamento de Estado tão completamente ao longo dos últimos 38 anos que, com as exceções de Cordell Hull, James Byrnes e William Rogers, todos os secretários de Estado foram seus membros. Embora Rogers não seja membro, Henry Kissinger, o principal assessor de política externa de Nixon, saiu da equipe do CRE, e os subsecretários de Estado, exceto um, são membros do CRE.

Atualmente, o Conselho continua em atividade trabalhando pelo objetivo final de estabelecer um governo de todo o mundo — que os *Adeptos* e seus aliados controlarão. A meta do CRE é simplesmente abolir os Estados Unidos e suas liberdades garantidas constitucionalmente. E ele nem sequer tenta esconder. O *Study No. 7*, publicado pelo CRE em 25 de novembro de 1959, defende abertamente "construir uma nova ordem internacional [que] deve responder às aspirações mundiais pela paz, [e] por mudanças sociais e econômicas... uma ordem internacional [código para governo mundial]... que inclua Estados que denominam a si mesmos 'socialistas' [comunistas]".

Para quem estudou o corpo de membros dessa organização semissecreta pouco conhecida, é evidente o motivo pelo qual ela é chamada de "O Establishment" (ver Quadro 7). Entre as organizações de operações bancárias internacionais que têm representantes no CRE no momento estão Kuhn, Loeb & Co.; Lazard Freres (afiliados diretamente aos Rothschild); Dillon Read; Lehman Bros.; Goldman Sachs; Chase Manhattan Bank; Morgan Guaranty Bank; Brown Bros. Harriman; First National City Bank; Chemical Bank & Trust e Manufacturers Hanover Trust Bank. Entre as grandes corporações que têm homens no CRE encontram-se Standard Oil, IBM, Xerox, Eastman Kodak, Pan American, Firestone, U. S. Steel, General Electric e American Telephone and Telegraph Company.

Também no CRE estão homens de organizações abertamente de esquerda como a Fabian Socialist Americans for Democratic Action, a socialista Socialist League for Industrial Democracy — antes Intercollegiate Socialist Society — e a United World Federalists, que defende sem disfarce o governo mundial com os comunistas. Líderes socialistas consagrados vindos do movimento operário, como o falecido Walter Reuther, David Dubinsky e Jay Lovestone também foram membros do CRE. Na teoria, seria de se esperar que essas pessoas e entidades fossem inimigas mortais dos bancos e das indústrias citados. No entanto, todos eles participam da mesma irmandade. Compreende-se por que esse fato não é divulgado.

O CRE é totalmente interligado às grandes fundações e aos chamados *think tanks*.* Na interligação estão as fundações Rockefeller, Ford e Carnegie, e os *think tanks* Rand Corporation, Hudson Institute, Fund for the Republic e Brookings Institute.

---

* *Think tanks* são organizações ou instituições que atuam no campo dos grupos de interesse, produzindo e difundindo conhecimento (ideologia) sobre assuntos estratégicos, com vistas a influenciar transformações sociais, políticas, econômicas ou científicas, sobretudo em assuntos sobre os quais pessoas comuns (leigos) não encontram facilmente base para análises de forma objetiva. Os *think tanks* podem ser independentes ou filiados a partidos políticos, governos ou corporações privadas.

QUADRO 7

SUPRAGOVERNO MUNDIAL

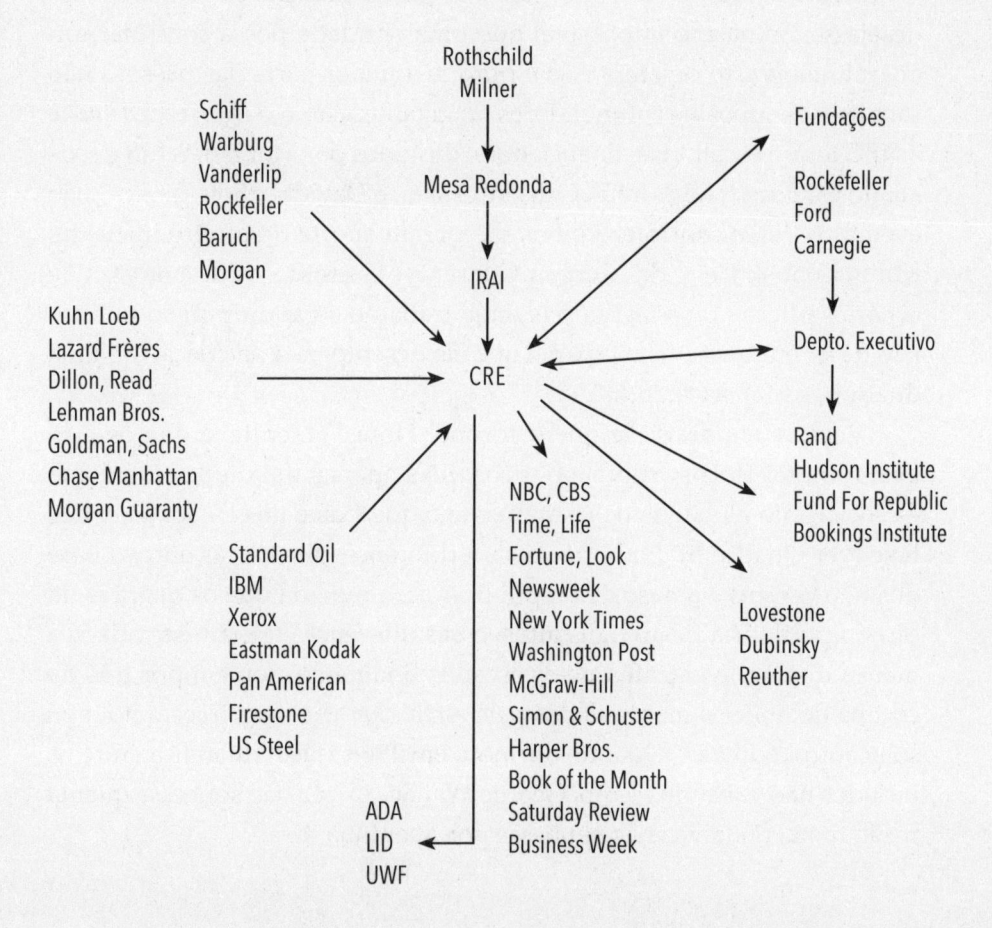

É praticamente impossível que seja acidental o fato de o CRE operar em quase completo anonimato. Entre as corporações de comunicações nele representadas estão as emissoras National Broadcasting Corporation, a Columbia Broadcasting System, as revistas *Time*, *Life*, *Fortune*, *Look*, *Newsweek*, os jornais *New York Times*, *Washington Post*, *Los Angeles Times*, *New York Post*, *Denver Post*, *Louisville Courier Journal*,

Minneapolis Tribune, os Knight Papers, as editoras McGraw-Hill, Simon & Schuster, Harper Bros., Random House, Little Brown & Co., Macmillan Co., Viking Press, o Book of the Month Club, a *Saturday Review* e a *Business Week*.

Sem dúvida, o CRE conseguiria algumas manchetes se manchetes desejasse. Se parece impossível que uma entidade possa controlar um aparato tão vasto de empresas é porque a maior parte das pessoas não sabe que os supostos cofundadores de gigantes como o *New York Times* e a NBC foram escolhidos, financiados e dirigidos por Morgan, Schiff e seus aliados. Os casos de Adolph Ochs, do *Times*, e David Sarnoff, da RCA, são exemplos desse controle. Ambos receberam aporte financeiro inicial da Kuhn, Loeb & Co. e da Morgan Guaranty. Esses são os desenhistas de cenários oficiais do *establishment*, cujo trabalho é garantir que o público não descubra o CRE nem o papel que ele desempenha na criação de uma ditadura socialista mundial.

Você se lembrará de que o coronel House acreditava que os EUA deveriam ter dois partidos políticos, mas apenas uma única ideologia — socialismo global. Isto é exatamente o que existe nos Estados Unidos hoje (ver Quadro 8). Embora existam diferenças filosóficas entre a base dos democratas e a base dos republicanos, à medida que os degraus da escada partidária ficam mais altos, essas diferenças tornam-se cada vez menos distinguíveis, até que as escadas finalmente somem por trás da cortina de notícias manipuladas pelo *establishment* e reaparecem no topo sob controle do CRE. Quando afirmou, em 1968, que a diferença entre os partidos não valia um tostão, George Wallace talvez não soubesse quanta razão tinha, ou talvez não soubesse por que tinha razão.

QUADRO 8

CONTROLE DOS PARTIDOS POLÍTICOS

DEMOCRATAS
Dean Acheson
Alger Hiss
Adlai Stevenson
John Kennedy
Robert Kennedy
Averell Harriman
George Ball
Henry Fowler
Dean Rusk
Adam Yarmolinsky
John K. Galbralth
Arthur Schlesinger, Jr.
Hubert Humphrey
John Lindsay

REPUBLICANOS
Dwight Eisenhower
John Foster Dulles
Thomas E. Dewey
Jacob Javits
Paul Hoffman
Robert McNamara
John Gardner
Henry Cabot Lodge
Rockefellers
Elliot Richardson
Arthur Burns
Henry Kissinger
Richard Nixon

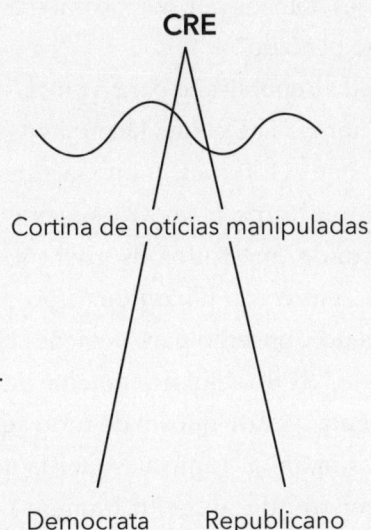

CRE

Cortina de notícias manipuladas

Democrata   Republicano

Os seguintes pretensos democratas foram agentes do CRE: Dean Acheson, Alger Hiss, Adlai Stevenson, John Kennedy, Robert Kennedy, Edward Kennedy,* Averell Harriman, George Ball, Henry Fowler, Dean Rusk, Adam Yarmolinsky, Hubert Humphrey e John Lindsay.

É interessante observar que confortáveis empregos foram dados pelos banqueiros internacionais para muitos homens do alto escalão do governo de Lyndon B. Johnson pelos serviços que prestaram. O subsecretário de Estado George Ball foi para o Lehman Brothers; o secretário do Tesouro Henry Fowler foi contratado pelo Goldman, Sachs & Co.; o diretor do orçamento Peter Lewis, o subsecretário do Tesouro Frederick Deming e o ex-secretário do Comércio C. R. Smith evitaram passar fome

* Comissão de Boston.

mediante cargos no Lazard Freres (Rothschild). Fowler e Deming foram, em grande medida, responsáveis por programas que levaram as nações europeias a demandar metade do ouro americano (e a poder demandar o resto), bem como por privar o Tesouro de todas as reservas de prata acumuladas por mais de um século. Será que os banqueiros internacionais ficaram com pena desses homens por sua incompetência ou os recompensaram por um trabalho benfeito?

Controlam o Partido Republicano para o CRE Dwight D. Eisenhower, John Foster Dulles, Thomas E. Dewey, Jacob Javits, Robert McNamara, Henry Cabot Lodge, Paul Hoffman, John Gardner, o clã Rockefeller, Elliott Richardson, Arthur Burns, Henry Kissinger e Richard Nixon.*

Embora seja verdade que todos os governos desde FDR foram dominados pelo CRE, o governo Nixon quebrou o recorde ao nomear mais de 110 membros do Conselho para posições chave. Henry Kissinger, o coronel House de Nixon, saiu diretamente da equipe do CRE para o governo. Ele representa o exato oposto de tudo aquilo que Nixon afirmara representar na campanha. Tanto a esquerda quanto a direita reconhecem que Kissinger foi, de longe, o homem mais importante do governo Nixon.

Governos, tanto os democratas quanto os republicanos, vêm e vão — mas o CRE perdura. É por isso que quanto mais as coisas parecem

---

* Na época, Richard Nixon afirmou que não pertencia mais ao CRE, uma vez que deixou a organização quando ela se tornou tema de discussão na sua campanha para governador da Califórnia em 1962. Nixon nunca disse por que a deixou, mas o fato de que ele indicou mais de 110 membros do CRE para cargos importantes do seu governo fala por si. Não é nenhuma surpresa que exatamente o mesmo Richard Nixon que se vendeu como conservador durante a campanha de 1968 já tivesse deixado sua posição verdadeira muito clara para os *Adeptos* do CRE em um artigo publicado na revista da organização, *Foreign Affairs*, em outubro de 1967. O título do artigo, "A Ásia depois do Vietnã", revelava como o aspirante a presidente pretendia inaugurar uma nova política com relação à China Vermelha e levar "realismo" à política externa americana para a Ásia. O relatório anual do CRE de 1952 reconhecia que às vezes membros em posições delicadas eram forçados a ir para a clandestinidade e guardar segredo a respeito da sua filiação ao grupo.

mudar, mais elas permanecem as mesmas. O ajuste se dá no topo, de onde o mesmo círculo de *Adeptos* determinado a governar o mundo dirige o espetáculo. Como reconhece Quigley: "De fato existe, e vem existindo há uma geração, uma rede... internacional que opera, até certo ponto, do modo como a direita radical acredita que os comunistas agem. Em verdade, essa rede, que podemos identificar como os grupos Mesa Redonda, *não tem nenhuma reserva em cooperar com os comunistas nem com nenhum outro grupo, e frequentemente coopera mesmo.*" (Grifo nosso.)

Sim, os *Adeptos* não têm nenhuma reserva em cooperar com os comunistas cujo objetivo professo é destruí-los. Enquanto os *Adeptos* servem espumante e caviar aos convidados que levam para suas mansões de verão em Newport, ou entretêm outros membros da elite em seus iates, seus agentes escravizam e matam os outros. E você é o próximo da lista.

Sem dúvida, o editorial do *Chicago Tribune* sobre o CRE, de 9 de dezembro de 1950, ainda se aplica: "Os membros do Conselho [das Relações Exteriores] são homens de influência muito maior que a média em suas comunidades, e usaram o prestígio que lhes foi concedido pela riqueza, pela posição social e pela formação para levar este país à falência e à catástrofe militar. Eles precisam olhar para as próprias mãos. Elas estão manchadas com sangue — o sangue seco da última guerra e o sangue fresco da atual [Guerra da Coreia]."

Não é preciso dizer que as mãos dos membros do CRE ficaram ainda mais sujas de sangue com a mácula de 50 mil americanos no Vietnã. Vergonhosamente, o órgão conseguiu promover, como política externa americana, a remessa de produtos e assistência financeira dos EUA ao arsenal do Leste Europeu para matar os nossos filhos no campo de batalha.

A descoberta de que há uma organização equivalente ao CRE em nível internacional não surpreende. Esse grupo se autodenomina Bilderberg. Se menos de um americano a cada mil sabe algo a respeito do CRE, é duvidoso que um a cada 5 mil tenha chegado a ouvir falar dos Bilderbergs. Novamente, não é acidental.

O estranho nome do grupo é derivado do local da primeira reunião, em maio de 1954 — o Hotel de Bilderberg, em Oosterbeek, na Holanda.

Quem criou os Bilderbergs foi Sua Alteza Real, o príncipe Bernhard da Holanda, figura importante na Royal Dutch Petroleum (Shell Oil) e na Societé Géneral de Belgique, um enorme cartel conglomerado com empresas em todo o mundo. Os Bilderbergs encontram-se uma ou duas vezes por ano, e entre eles estão incluídas figuras políticas de destaque dos Estados Unidos e da Europa Ocidental. O príncipe Bernhard nunca fez o menor esforço para ocultar o fato de que o objetivo último dos Bilderbergs é o governo mundial. Ao mesmo tempo, enquanto a "nova ordem mundial" é construída, os Bilderbergs coordenam os esforços das elites de poder dos EUA e da Europa.

A contraparte do monarca entre os Bilderbergs americanos é David Rockefeller, presidente do Conselho Diretor do CRE, cuja base econômica é o gigantesco Chase Manhattan Bank e a Standard Oil. Outros Bilderbergs do mundo das grandes finanças são, por exemplo, o barão Edmund de Rothschild, da família Rothschild, C. Douglas Dillon (CRE), da Dillon Read & Co., Robert McNamara, do Banco Mundial, Sir Eric Roll, da S.G. Warburg & Co. Ltd., Pierce Paul Schweitzer, do Fundo Monetário Internacional (FMI) e George Ball (CRE), do Lehman Brothers.

Nem todos os que frequentam as reuniões secretas dos Bilderbergs são *Adeptos*, mas apenas homens de esquerda recebem permissão de comparecer às reuniões privadas que se seguem às sessões gerais. Os Partidos Socialistas da Europa, cuja filiação fica clara pelo nome, estão bem representados... outro exemplo da interligação entre os *Adeptos* do grande capital e os supostos líderes do proletariado. As políticas dos Bilderbergs não são planejadas por aqueles que frequentam as conferências, mas por uma comissão diretora de elite composta por 24 europeus e 15 americanos. Entre os americanos que são ou já foram membros dessa comissão estão George W. Ball, Gardner Cowles, John H. Ferguson, Henry J. Heinz II, Robert D. Murphy, David Rockefeller, Shepard Stone, James D. Zellerbach, Emelo G. Collado, Arthur H. Dean, Gabriel Hauge, C. D. Jackson, George Nebolsine, Dean Rusk e o general Walter Bedell Smith. Os que apoiam a teoria acidental da história alegarão que é pura coincidência que exatamente todos os que foram ou são membros da Comissão Diretora dos Bilderbergs sejam ou tenham sido membros do Conselho das Relações Exteriores.

A Comissão de Aconselhamento do Bilderberg é composta de um "círculo interno" ainda mais exclusivo do que a Comissão Diretora. Entre seus membros americanos estão Joseph E. Johnson, Dean Rusk, Arthur H. Dean, George Nebolsine, John S. Coleman, general Walter Bedell Smith e Henry J. Heinz II. Mais uma vez, todos membros do CRE.

Alguém poderia supor (isto é, alguém que não leu este livro) que, quando os principais parlamentares e magnatas do mundo encontram-se para discutir o planejamento da política externa dos vários países que representam, os falcões dos jornais e da televisão clamam aos céus que realizar esse evento em segredo faz chacota do processo democrático. Pode-se ter esperanças de que Walter Cronkite espume de fúria com um círculo de elite encontrando-se para planejar as vidas de todos; que os editorialistas do *New York Times* esmurrem as máquinas de escrever fumegantes, esbravejando a respeito do "direito do público de saber". Mas, é claro, desenhistas de cenários simplesmente pintam os Bilderbergs para fora da existência e direcionam a atenção do público para algo como as condições das prisões ou garrafas de refrigerante poluindo as estradas. Como os Bilderbergs são um grupo de esquerda (ou, como a mídia esquerdista poderia dizer, mas não diz, "um grupo de progressistas"), permite-se que continuem a planejar 1984* com toda a paz e tranquilidade. A verdade de que há pesada influência de Rockefeller (Chase Manhattan Bank e CRE) na mídia também pode ter algo a ver com o fato de que, embora muitos já tenham ouvido falar, digamos, da John Birch Society** (e quase sempre de maneira depreciativa na mídia do *establishment*), praticamente ninguém ouviu falar dos Bilderbergs.

Até aquele momento, houve 29 reuniões dos Bilderbergs. Elas costumam durar três dias e acontecem em locais afastados, mas exuberantes. Os participantes hospedam-se no mesmo local e são protegidos por uma

---

* Romance do jornalista e romancista britânico George Orwell, publicado em 1949, que denunciou as mazelas do totalitarismo e é considerada uma metáfora sobre o poder e a atuação dos regimes comunistas.

** Organização de direita americana da qual os autores eram membros. (N.T.)

meticulosa rede de segurança. Decisões são tomadas, resoluções são adotadas, planos de ação são executados, mas apenas os membros do grupo chegam a saber com certeza o que ocorreu. Devemos supor que essas pessoas não se congregam apenas para discutir o placar de golfe. A presença da imprensa, naturalmente, é vetada, embora vez ou outra haja, ao final das reuniões, uma breve coletiva em que se fornece à mídia, em termos muito gerais, a versão dos Bilderbergs a respeito do que foi discutido. Por que todo esse segredo se não há de fato nada a esconder? Por que as fundações Ford, Rockefeller e Carnegie financiam as reuniões se elas não são importantes? Sim, por quê?

O príncipe Bernhard (à direita), da Holanda, mentor do movimento secreto globalista Bilderberg, delibera com o presidente Nixon. Ex-membro da tropa de assalto da SS nazista ("Nós nos divertimos um bocado"), Bernhard trabalhou com os Rothschild e os comunistas para criar um supraestado mundial da elite. Ele promovia reuniões secretas anuais com altos funcionários, banqueiros e industriais dos EUA para mapear planos de fundir os Estados Unidos e a União Soviética em um governo mundial. Depois dessa última reunião, Nixon desvalorizou o dólar e retomou o comércio com a China Vermelha.

Edmond (à esquerda) e Guy de Rothschild, líderes do ramo francês do clã Rothschild. A família tem relações próximas com o príncipe Bernhard tanto nos negócios (Royal Dutch Shell) quanto na construção de um supragoverno global com os soviéticos. A revista *Time* de 20 de dezembro de 1963 afirma o seguinte de Guy: "Guy é Rothschild até a medula. Ele personifica tudo o que o nome da sua família representa... Ele é amigo e confidente de políticos franceses... Acima de tudo, ele se dedica a aumentar a fortuna do seu banco... Guy chefia um versátil clã Rothschild contemporâneo." Edmond, tido como o mais rico dos Rothschild franceses, vale pessoalmente 500 milhões de dólares, de acordo com estimativas.

Houve uma reunião que aconteceu no Woodstock Inn, de Laurance Rockefeller, em Woodstock, Vermont, nos dias 23, 24 e 25 de abril de 1971. Aparentemente, o único periódico a trazer um relato substancial da reunião foi o jornal municipal de Rutland, em Vermont, cujo repórter conseguiu obter apenas informações imprecisas sobre o que se tratava. O número de 20 de abril de 1971 do *Herald* relata: "Manteve-se uma capa de segredo bastante estreita sobre a conferência... Uma reunião a portas fechadas foi realizada em Woodstock na semana passada para instruir um punhado de funcionários locais sobre algumas fases da conferência. Um participante dessa reunião insistiu na segunda-feira que se disse aos funcionários que ela seria uma 'conferência internacional pela paz'. Entretanto, outras fontes confiáveis disseram que a reunião tratará de finanças internacionais... Ao que parece, o Woodstock Inn será guardado como o Fort Knox... Não se permitirá cobertura da imprensa, com a exceção da emissão de um comunicado ao encerramento do encontro, no domingo."

Ao chegar ao Boston Logan Airport, o príncipe Bernhard admitiu aos repórteres que o tema da conferência seria a "mudança no papel global dos Estados Unidos". Não é encantador que mudanças no papel americano no mundo sejam decididas por Bernhard, Rothschild e Rockefeller? Eis a verdadeira democracia em ação, como dizem. Presente na cena para levar as ordens a Nixon estava o menino de recados de Rockefeller-CRE, o principal assessor de política externa do presidente, Henry Kissinger. Pouco depois da reunião em Woodstock, dois eventos nefastos e "de mudança de papel" ocorreram: Henry Kissinger foi a Pequim e providenciou a aceitação da China comunista como membro da família das nações comerciais; e uma crise monetária internacional se precipitou depois que o dólar foi desvalorizado. Como escreveu o britânico Benjamin Disraeli, estadista e confidente dos Rothschild, em *Coningsby*: "Assim você nota, meu caro Coningsby, que o mundo é governado por personagens muito diferentes dos que imagina quem não está nos bastidores."

CAPÍTULO 6
A família Rockefeller e os comunistas

Conferência de Yalta: Churchill, Roosevelt e Stalin.

DENTRE OS "PERSONAGENS MUITO DIFERENTES" QUE controlam o mundo dos bastidores, os americanos mais importantes são os membros da família Rockefeller. Conta-se que o clã Rockefeller trabalha com os Rothschild e seus agentes desde a década de 1880, quando o John D. Rockefeller original acertou de ganhar um abatimento em cada barril de petróleo que ele e seus concorrentes enviassem pelas ferrovias de Baltimore, Pensilvânia e Ohio controladas pela Kuhn, Loeb & Co. Foi uma lucrativa parceria desde então, embora pareça ter havido áreas em que as duas dinastias financeiras competiram.

O relacionamento dos Rockefeller com os comunistas, seus supostos inimigos mortais, data da Revolução Bolchevique. Na década de 1920, Lênin implantou a Nova Política Econômica (o mesmo nome que Nixon deu ao seu pacote de controle de salários), quando os supostamente odiados capitalistas foram convidados a voltar à Rússia.

Os *Adeptos* do Federal Reserve e do CRE começaram a fazer pressão para que a Rússia comunista fosse aberta a comerciantes americanos logo depois da revolução. Entretanto, naquele tempo, a opinião pública americana opunha-se com tanto vigor aos bolcheviques, devido ao seu barbarismo, que era política oficial do governo não negociar com aquele regime criminoso. Os EUA só reconheceram os bolcheviques em 1933. Enquanto isso, a economia soviética estava em frangalhos, e a população morria de fome. O comunismo teria entrado em colapso se não tivesse recebido assistência dos *Adeptos*. Quem salvou os bolcheviques originalmente foi Herbert Hoover (CRE), que levantou, para comprar alimentos, fundos dos quais Lênin e sua gangue se apropriaram e os usaram para subjugar camponeses famélicos que vinham resistindo aos novos senhores escravocratas que lhes tinham sido impostos. Embora o gesto "humanitário" de Hoover tenha salvado o regime soviético, a economia russa ainda estava em completo caos. Entraram em cena os Vanderlip, os Harriman e os Rockefeller. Um dos primeiros a embarcar foi Frank Vanderlip, que, além de ter comparado Lênin a George Washington, era agente dos Rockefeller, foi parte dos conspiradores da Ilha de Jekyll e presidiu o First National City Bank de Rockefeller. (Louis Budenz, *The Bolshevik Invasion of The West*, Bookmailer, p.115.)

O agente de relações públicas dos Rockefeller, Ivy Lee, foi encarregado de vender ao público americano a ideia de que os bolcheviques não passavam de idealistas incompreendidos que, na verdade, eram afetuosos benfcitores da humanidade. O professor Antony Sutton, da Stanford University's Hoover Institution, observa no respeitadíssimo *Western Technology and Soviet Economic Development*: "De maneira bastante previsível, Lee conclui, 180 páginas depois, que o problema comunista é apenas psicológico. Neste ponto ele já fala de 'russos' (não 'comunistas') e conclui que 'não há problema com eles'; sugere que os Estados Unidos não devem se engajar em propaganda; faz um apelo pela coexistência pacífica; e sugere que os Estados Unidos descobririam ser uma política saudável reconhecer a URSS e adiantar créditos." (Antony Sutton, *Western Technology and Soviet Economic Development*, 1917-1930, Hoover Institution on War, Revolution and Peace, Stanford University, Califórnia, 1968, p. 292.)

Depois da Revolução Bolchevique, a Standard de Nova Jersey comprou 50 por cento dos enormes campos de petróleo dos irmãos Nobel no

Cáucaso, embora a propriedade tivesse sido, teoricamente, nacionalizada. (O'Connor, Harvey, *The Empire Of Oil*, Monthly Review Press, Nova York, 1955, p.270.) Em 1927, a Standard Oil de Nova York comprou uma refinaria na Rússia — ajudando, com isso, os bolcheviques a colocarem a economia de volta nos trilhos. Afirma o professor Sutton: "Este foi o primeiro investimento americano na Rússia desde a revolução." (Ibid, vol. 1, p.38.)

Pouco depois disso, a Standard Oil de Nova York e sua subsidiária, a Vacuum Oil Company, fecharam um acordo para vender petróleo soviético nos países europeus, e afirmou-se que um empréstimo de US$ 75.009.000 para os bolcheviques foi fechado. (*National Republic*, setembro de 1927.) Não conseguimos descobrir se a Standard Oil foi, ainda que teoricamente, expropriada pelos comunistas. Sutton escreve: "Apenas as concessões telegráficas dinamarquesas, as concessões de pesca, carvão e petróleo aos japoneses e o arrendamento da Standard Oil permaneceram depois de 1935." (Ibid, vol. ii, p.17.)

Aonde quer que a Standard Oil fosse, era certo que o Chase National Bank seguiria (o Chase Bank dos Rockefeller fundiu-se posteriormente com o Manhattan Bank dos Warburg para formar o Chase Manhattan Bank atual). Para resgatar os bolcheviques, supostamente seus arqui-inimigos, o Chase National Bank funcionou como instrumento de criação da Câmara Russo-Americana de Comércio em 1922. Seu presidente era Reeve Schley, um dos vice-presidentes do Chase National Bank. (Ibid, vol. ii, p.288.) Segundo Sutton: "Em 1925, as negociações entre o Chase e o Prombank foram além do custeio de matéria-prima e planejaram um programa completo de financiamento das exportações de matéria-prima soviética para os EUA e importações de algodão e máquinas dos EUA." (Ibid, vol. ii, p. 226.) Sutton também relata que "o Chase National Bank e a Equitable Trust Company eram líderes no ramo da concessão de crédito aos soviéticos". (Ibid, p. 277.)

Em 1928, o Chase National Bank estava, também, envolvido na venda de títulos bolcheviques nos Estados Unidos. Organizações patrióticas acusaram o banco de fazer "tráfico internacional" e de ser "uma desgraça para os Estados Unidos... Eles fazem qualquer coisa por um punhado de dólares de lucro". (Ibid, vol. ii, p. 291.) O deputado Louis

McFadden, presidente da Comissão Parlamentar de Operações Bancárias, afirmou o seguinte em discurso no Congresso: "O governo soviético recebeu do Conselho Diretor do Federal Reserve e dos Bancos do Federal Reserve, agindo por meio do Chase Bank, da Guaranty Trust Company e de outros bancos da cidade de Nova York, fundos do Tesouro dos Estados Unidos.

Abram os registros da Amtorg, a organização de comércio do governo soviético em Nova York, e da Gostorg, o escritório geral da Organização Soviética de Comércio, e do Banco do Estado da União das Repúblicas Socialistas Soviéticas, e vocês ficarão chocados de ver quanto dinheiro foi tirado do Tesouro dos Estados Unidos em benefício da Rússia. Descubram as transações comerciais realizadas para o Banco do Estado da Rússia Soviética pelo seu correspondente, o Chase Bank de Nova York..." (*Congressional Record*, 15 de junho de 1933.)

Mas os Rockefeller, ao que parece, não foram os únicos a financiar o braço comunista da conspiração dos *Adeptos*. De acordo com Sutton: "... há um relatório nos arquivos do Departamento de Estado que qualifica a Kuhn, Loeb & Co. (a importante e antiga casa financeira de Nova York) como a financiadora do Primeiro Plano Quinquenal. Ver U.S. State Dept. Decimal File, 811.51/3711 and 861.50 FIVE YEAR PLAN/236." (Sutton, op. cit., vol. II, p. 340.)

Nos três volumes da sua história do desenvolvimento tecnológico soviético, Sutton prova em definitivo que a União Soviética foi quase literalmente fabricada pelos Estados Unidos. Ele cita um relatório de junho de 1944 escrito por Averell Harriman para o Departamento de Estado: "Stalin louvou a assistência prestada pelos Estados Unidos à indústria soviética antes da guerra e no curso dela. Ele disse que cerca de dois terços de todos os grandes empreendimentos industriais da União Soviética tinham sido construídos com a ajuda ou o auxílio técnico dos Estados Unidos." (Sutton, op. cit., vol. II, p. 3.)

Lembre-se de que isto foi em uma época em que os soviéticos já haviam criado uma ampla rede de espionagem nos Estados Unidos e o jornal comunista *Daily Worker* clamava constantemente pela destruição das nossas liberdades e pela sovietização dos EUA.

Sutton mostra que não há praticamente nenhum segmento da economia soviética que não seja resultado de transferência de tecnologia ocidental, em particular americana. Não é possível que isso seja inteiramente obra do acaso. Há cinquenta anos, a turma de *Adeptos* do Federal Reserve, do CRE e da família Rockefeller defende e implementa políticas cujo objetivo é aumentar o poder de seu satélite, a União Soviética. Enquanto isso, os EUA gastam 75 bilhões de dólares por ano para proteger-se do inimigo que os *Adeptos* estão fortalecendo.

O que é verdadeiro a respeito do passado é ainda mais verdadeiro atualmente. A organização que mais defende a transferência de tecnologia para os comunistas, assim como o aumento do comércio com eles e do auxílio que lhes é dado, é o Conselho das Relações Exteriores. No dia 7 de outubro de 1966, o presidente Lyndon Johnson, homem que indicou membros do CRE para virtualmente todas as posições estratégicas do seu governo, afirmou: "Pretendemos requisitar autoridade legislativa para negociar tratados comerciais que possam estender o tratamento tarifário dado aos países preferenciais aos Estados comunistas do Leste Europeu...

Nós reduziremos os controles de exportação sobre o comércio Leste-Oeste com relação a centenas de produtos não estratégicos..."

Uma semana depois, em 13 de outubro de 1966, o *New York Times* noticiou: "Os Estados Unidos puseram em vigor hoje uma das propostas do presidente Johnson para estimular o comércio Leste-Oeste, removendo restrições à exportação de mais de quatrocentas *commodities* para a União Soviética e o Leste Europeu...

Exemplos de categorias dentre as quais se selecionaram itens para flexibilizar a exportação são legumes, cereais, insumos, borracha bruta e manufaturada, pasta de papel e papel usado, têxteis e fibra têxtil, minério metálico e sucata metálica, fertilizantes brutos, petróleo, gás e derivados, produtos e compostos químicos, corantes, remédios, fogos de artifício, detergentes, materiais plásticos, máquinas e produtos de metal e instrumentos científicos e profissionais."

Virtualmente todos esses itens "não estratégicos" têm uso direto ou indireto na guerra. Mais tarde, produtos como compostos para limpar rifles, equipamentos eletrônicos e radares foram declarados "não estratégicos" e liberados para envio à União Soviética. O truque é simplesmente declarar quase tudo "não estratégico". Os vietcongues e o Vietnã do Norte receberam 85 por cento dos seus materiais de guerra da Rússia e de países do bloco soviético. Como esses países eram incapazes de sustentar uma guerra, o braço comunista da conspiração precisava de ajuda do braço do capitalismo financeiro. Os Estados Unidos armaram e financiaram os dois lados da terrível Guerra do Vietnã, matando os soldados americanos por procuração. Novamente, os desenhistas de cenários da grande mídia impediram o público americano de conhecer este fato.

Não é de espantar que os Rockefeller sejam os campeões da promoção desse comércio de sangue. No dia 16 de janeiro de 1967, o *New York Times* trouxe na sua capa uma das reportagens mais inacreditáveis que já deram a graça em um jornal do *establishment*. Com o título "Eaton Joins Rockefellers To Spur Trade With Reds" ["Eaton une-se aos Rockefeller para estimular o comércio com os vermelhos"], a notícia afirmava: "Uma aliança de fortunas familiares de Wall Street e do Meio-Oeste tentará construir pontes econômicas entre o mundo livre e a Europa comunista.

A International Basic Economy Corporation, controlada pelos irmãos Rockefeller, e a Tower International, Inc., chefiada por Cyrus S. Eaton Jr., financista de Cleveland, planejam cooperar na promoção do comércio entre os países da cortina de ferro, inclusive a União Soviética..."

A International Basic Economy Corporation (IBEC) é controlada por Richard Aldrich, neto do conspirador do Federal Reserve Nelson Aldrich, e Rodman Rockefeller (CRE), filho de Nelson Rockefeller. No dia 20 de outubro de 1969, a IBEC anunciou que a N. M. Rothschild & Sons de Londres havia se tornado parceira da firma.

Cyrus Eaton Jr. é filho do notório pró-soviético Cyrus Eaton, que começou a carreira como secretário de John D. Rockefeller. Acredita-se que a ascensão de Eaton no mundo financeiro foi resultado de apoio de seu mentor. Assim, o acordo entre a Tower International e a IBEC dá sequência a uma aliança antiga. Embora o nome de Eaton não apareça nas listas de membros do CRE, a Comissão Parlamentar Reece, que investigou as fundações, descobriu que ele era membro secreto do grupo.

Um dos itens "não estratégicos" que o eixo Rockefeller-Eaton construirá para os comunistas são dez fábricas de produtos de borracha, inclusive duas fábricas de borracha sintética que valem 200 milhões de dólares. Eaton explica no artigo do *Times*: "Esse pessoal está construindo novas fábricas de automóveis e sabe que vai precisar de fábricas de pneus". No governo Nixon, que, ao contrário das promessas de campanha, multiplicou dez vezes o comércio com os comunistas, empresas americanas estão construindo para os comunistas a maior fábrica de caminhões do mundo. Os caminhões são indispensáveis para a máquina de guerra de um país e, se necessário, as fábricas de caminhões podem ser convertidas em fábricas de tanques, como se fez na Segunda Guerra Mundial. Os Estados Unidos fornecerão aos soviéticos tanto as instalações para fabricar os caminhões quanto os pneus (ou bandas de rodagem de tanques) para que eles rodem.

Além disso, essas duas famílias estavam construindo uma fábrica de produção de alumínio de 50 milhões de dólares para os comunistas. A doutrina Johnson-Nixon considera alumínio para jatos de guerra produto "não estratégico".

O artigo revela algo ainda mais inacreditável: "No mês passado, a Tower International chegou a um acordo experimental com a organização de patentes e licenciamento soviética, a Licensintorg, que abarca futuras transações de licenciamento e concessão de patentes. Até agora, disse Eaton, os russos haviam deixado a compra e venda de licenças e patentes a cargo da Amtorg Trading Corporation, a agência soviética oficial nos Estados Unidos para a promoção do comércio soviético-americano."

Isto significa que as famílias Rockefeller e Eaton têm o monopólio da transferência de capacidade tecnológica à União Soviética, o país supostamente inimigo dos super-ricos. De acordo com o *Times*: "Eaton reconheceu as dificuldades que os representantes da Amtorg encontraram ao tentar providenciar acordos de licenciamento com companhias americanas. 'Como você pode imaginar', disse ele, 'é quase impossível para um russo caminhar pelo departamento de pesquisas aeroespaciais de uma empresa americana e tentar providenciar a compra de uma patente'."

Nikita Khrushchev, o infame "carniceiro de Budapeste", Nelson Rockefeller e Cyrus Eaton (de cima a baixo).

Quando visitam os Estados Unidos, os líderes comunistas não se encontram com proletários nem com líderes sindicais – eles vão bater um papo com líderes industriais. Não há quase nenhuma tentativa dos ditadores comunistas de identificar-se com a classe trabalhadora.

O industrial Cyrus Eaton, abertamente pró-comunista, começou sua carreira empresarial como secretário de John D. Rockefeller, e acredita-se que, em grande medida, a família Rockefeller é responsável pela sua fortuna.

As famílias Rockefeller e Eaton juntaram forças para erguer fábricas de produção de guerra por trás da cortina de ferro, de modo que os comunistas possam tornar-se uma ameaça ainda maior à sobrevivência dos EUA. O país ostenta o gasto de 70 bilhões de dólares por ano em defesa, e aí vem a família Rockefeller e constrói usinas de alumínio para os comunistas. Só a ausência de uma declaração formal de guerra no Vietnã impede que os Rockefeller e os Eaton sejam sujeitos à acusação de traição. As mãos deles estão sujas com sangue de cerca de 50 mil soldados americanos.

Sem dúvida, todo patriota americano dirá a si mesmo: "Nossa, eu rogo a Deus que os soviéticos não possam entrar nas nossas fábricas militares e comprar patentes." As famílias Rockefeller e Eaton, porém, resolveram esse problema para os comunistas. Em vez de negociar com uma agência oficial do governo soviético, as empresas americanas negociarão com os Rockefeller. Nesse ínterim, quase 50 mil soldados americanos perderam a vida no Vietnã, muitos dos quais mortos por armas que os Rockefeller forneceram, direta ou indiretamente, aos inimigos declarados dos EUA. Apenas a tecnicalidade da falta de uma declaração formal de guerra impede que o comércio do sangue dos americanos mortos pelos Rockefeller seja sujeito à acusação de traição.

Assim, com a compra de patentes para os comunistas, os Rockefeller estão virtualmente a cargo das pesquisas para a máquina de guerra soviética e de seu progresso, o que permite aos russos produzir as inovações americanas em massa. A transferência desse tipo de conhecimento é mais importante até do que a venda de armas, pois um processo que uma corporação americana pode ter levado uma década para desenvolver é transferido na sua totalidade aos comunistas. Faz sentido gastar 75 bilhões de dólares por ano em defesa nacional para depois aumentar deliberadamente o potencial de um inimigo declarado de sustentar uma guerra adiante? Para os Rockefeller e os *Adeptos*, faz.

Como os Rockefeller fizeram um contrato com os soviéticos para lhes fornecer patentes, eles são, pela definição do dicionário, agentes comunistas. Mas não seria mais exato definir os comunistas como agentes dos Rockefeller? Indicativo disso foi um estranho evento ocorrido em outubro de 1964. David Rockefeller, presidente do Chase Manhattan Bank e do Conselho Diretor do Conselho das Relações Exteriores, foi passar férias na União Soviética. Trata-se de um destino de férias peculiar para o maior "imperialista" do mundo, uma vez que muito da propaganda comunista gira em torno do confisco de toda a riqueza de David e da distribuição dela "ao povo". Poucos dias depois de Rockefeller encerrar suas "férias" no Krêmlin, Nikita Khrushchev foi convocado em um *resort* no Mar Negro, onde passava férias, para descobrir que tinha sido demitido. Que coisa estranha! Até onde o mundo sabia, Khrushchev era o ditador absoluto do governo soviético e, mais importante, chefe do Partido Comunista, que controla a União Soviética. Quem tem o poder de demitir o homem que era supostamente ditador absoluto? Teria David Rockefeller viajado à União Soviética para demitir um empregado? Obviamente, a posição de chefe da União Soviética é uma fachada, com o poder verdadeiro residindo em outro lugar. Talvez em Nova York.

A base da propaganda comunista é, desde a década de 1920, a promessa de destruir os Rockefeller e outros super-ricos. Contudo, descobrimos que desde os anos 1920 os Rockefeller estão empenhados na construção da força dos soviéticos. Faz sentido? Se um criminoso vaga pelas ruas gritando a plenos pulmões que matará o João Silva assim que tiver uma arma e você descobrir que o João Silva está às escondidas dando armas ao criminoso, só há duas possibilidades. Ou o João Silva é um idiota ou toda a gritaria é mera encenação, e secretamente o criminoso trabalha para Silva. Os Rockefeller não são idiotas.

Enquanto David controla a ponta financeira da dinastia, Nelson controla a política. Nelson gostaria de ser presidente dos Estados Unidos, mas, infelizmente para ele, seu nome é inaceitável para a vasta maioria da base do seu próprio partido. Depois de ser presidente, a melhor coisa do mundo é controlar o presidente. Supõe-se que Nelson Rockefeller e Richard Nixon são ferrenhos adversários políticos. Em certo sentido, eles de fato são, mas isso não impede que Rockefeller imponha seu domínio sobre Nixon. Na competição entre os dois pela nomeação do Partido Republicano em 1968, Rockefeller naturalmente teria preferido ganhar o prêmio, mas a despeito de quem vencesse, ele controlaria o mais alto posto oficial do país.

Convém lembrar que no meio da elaboração da plataforma republicana em 1960, Nixon saiu de repente de Chicago e foi a Nova York para encontrar-se com Nelson Rockefeller no que Barry Goldwater classificou de "a Munique do Partido Republicano". Não havia nenhuma razão política para que Nixon rastejasse para Rockefeller. A convenção estava costurada a seu favor. Qual o sentido, então?

Em *The Making of the President, 1960*, Theodore White observa que Nixon aceitou todas as condições que Rockefeller impôs para o encontro, inclusive as provisões de que "Nixon em pessoa telefonasse a Rockefeller pedindo uma reunião; que eles se encontrassem no apartamento de

Rockefeller... que a reunião fosse secreta e noticiada posteriormente à imprensa por meio de comunicado do governador, não de Nixon; que se anunciasse claramente que ela ocorrera a pedido do vice-presidente; que o relato das políticas resultantes da reunião fosse longo, detalhado e inclusivo, não uma nota sumária".

A reunião produziu o infame Acordo da Quinta Avenida, no qual a plataforma republicana foi jogada no lixo e substituída pelos planos socialistas de Rockefeller. Em sua edição de 25 de julho de 1960, o *Wall Street Journal* comentou: "... um pequeno grupo de conservadores dentro do partido... é empurrado para as margens... Os 14 pontos são de fato totalmente de esquerda; eles compreendem uma plataforma de muitas maneiras semelhante à do Partido Democrata e estão muito distantes daquilo que os conservadores acreditam que o Partido Republicano deve defender..." Como coloca Theodore White: "Jamais a guinada esquerdista quadrienal dos moderados do Partido havia sido tão abertamente dramatizada quanto foi pelo Acordo da Quinta Avenida. Qualquer honra que tivessem conseguido obter pelos serviços prestados à comissão da plataforma do partido fora arrasada. Uma reunião de uma única noite entre os dois homens em um milionário tríplex... estava prestes a indeferi-los; eles foram desmascarados como palhaços para o mundo inteiro ver."

Sem dúvida, a história completa por trás do que aconteceu no apartamento de Rockefeller jamais será conhecida. Podemos apenas fazer uma suposição razoável à luz dos eventos subsequentes. Mas o óbvio é que desde aquele momento Nixon passou a estar na órbita de Rockefeller.

Depois de perder para Kennedy por um fio de cabelo, Nixon, contra sua vontade, e a pedido (ou ordem) de Rockefeller, entrou na disputa para governador da Califórnia e perdeu. (Para mais detalhes, veja o livro *Richard Nixon: The Man Behind The Mask*, de Gary Allen.) Depois de perder para Pat Brown na corrida pelo governo da Califórnia em 1962, Nixon foi universalmente consignado à lata de lixo da política. Ele deixou de exercer a advocacia na Califórnia e foi para Nova York, onde se tornou vizinho de Nelson Rockefeller, seu suposto arqui-inimigo, em um apartamento cujo aluguel era de 100 mil dólares por ano, em um prédio de propriedade de Rockefeller. Depois, Nixon foi trabalhar no escritório de advocacia do advogado pessoal de Rockefeller,

John Mitchell, e nos seis anos seguintes passou a maior parte do tempo viajando pelo mundo, primeiro reconstruindo sua reputação política e depois fazendo campanha pela nomeação republicana de 1968. Ao mesmo tempo, de acordo com a sua própria declaração de bens, seu patrimônio líquido foi multiplicado muitas vezes, e ele se tornou bastante rico. Nelson Rockefeller (e seus colegas do *establishment* esquerdista do Leste), que ajudou a tornar Nixon aceitável para os conservadores ao aparentar se opor a ele, resgatou Nixon do ostracismo político e o fez presidente dos Estados Unidos. Não faz sentido que Nixon, o homem de ambição voraz cuja carreira havia chegado ao fundo do poço, tenha precisado fazer alguns acordos para alcançar sua meta? E ele não terá contraído enormes dívidas políticas em troca de ser feito presidente pelo *establishment* esquerdista do Leste?

Quando saiu de Washington, Nixon tinha, em suas próprias palavras, pouco mais do que um carro velho, o manto respeitável de republicano de origens humildes de sua esposa e uma pensão governamental. Enquanto advogava, sua renda era de 200 mil dólares por ano, dos quais mais da metade eram para pagar o apartamento no prédio de Rockefeller. Em 1968, seu patrimônio líquido declarado foi de US$ 515.830, e mesmo assim atribuindo o valor de apenas 45 mil dólares à sua parte do seu escritório de advocacia cada vez mais bem-sucedido. Pode ser que, depois de fazer a declaração de renda, o frugal Nixon tenha adquirido, enfiando fielmente todo troco que tinha em um cofrinho, um capital de investimento que se multiplicou em US$ 858.190 em ativos. Mas também pode ter sido parte do acordo de Nixon com Rockefeller e os *Adeptos* que os problemas financeiros pessoais dele deveriam ser resolvidos. O presidente, claro, não é um agente livre.

Aquele que, segundo a maioria dos analistas, é o homem mais poderoso do governo em termos de política doméstica é o procurador-geral John Mitchell, que foi sócio de Nixon em um escritório de advocacia, agiu como coordenador de sua campanha em 1968 e exerceu a mesma função novamente em 1972. A edição de 17 de janeiro de 1969 do *Wall Street Journal* revelou que Mitchell era o advogado pessoal de Rockefeller. Os desenhistas de cenários do *establishment* desenharam Mitchell como homem rigoroso, estilo policial, de inclinações conservadoras; as aparências indicam, no entanto, que na realidade ele não passa de mais um agente de Rockefeller.

Richard Nixon foi eleito presidente com um programa que prometia frear o recuo americano diante do comunismo. Contudo, ele indicou Henry Kissinger, um homem que representa o oposto das posições que o presidente adotou na campanha, a uma posição que é a de virtualmente presidente-adjunto. Surpreende que Nixon tenha feito exatamente o oposto do que prometeu fazer durante a campanha de 1968?

Como Nixon veio a escolher um ultraesquerdista como seu principal assessor de política externa? A revista *Time* informa que ele conheceu Kissinger em um jantar chique dado por Clare Boothe Luce nas férias de dezembro de 1967. Supostamente, Nixon ficou tão impressionado com as tiradas de Kissinger no jantar que o indicou para o cargo de maior poder de seu governo. Nixon teria de ser um idiota para fazer isso; e Nixon não é idiota. A indicação de Kissinger foi costurada por Nelson Rockefeller (*Desert News*, Salt Lake City, 27 de março de 1970). Kissinger fora consultor pessoal de Rockefeller para política externa por cinco anos, e na época da sua nomeação era membro assalariado do Conselho das Relações Exteriores.

A fantástica guinada de Nixon foi louvada por Lyndon B. Johnson na edição de 1º de dezembro de 1971 do *Washignton Star*: "O ex-presidente Lyndon B. Johnson reconhece que Richard Nixon, por ser do Partido Republicano, conseguiu alcançar alguns objetivos que um presidente do Partido Democrata não teria conseguido...". "Você pode imaginar o alvoroço", ele perguntou durante uma entrevista recente, "se eu tivesse sido responsável por chutar Taiwan da ONU? Ou se eu tivesse imposto controle nacional abrangente de preços e salários?". "Nixon fez e ficou impune", ele observou, com tom de voz de apreço. "Se eu, Truman ou Humphrey, se qualquer democrata tivesse tentado fazer isso, teria apanhado sem parar."

Nelson Rockefeller e Richard Nixon – teoricamente, inimigos políticos. Mas Rockefeller costurou as eleições de 1968 de modo que, já que ele não podia ser presidente, pelo menos alguém que ele controlava poderia. A família Rockefeller, por meio do Chase Manhattan Bank e de outras entidades, tem sido a maior patrona da União Soviética desde a Revolução Comunista na Rússia. Durante a campanha, Nixon prometeu interromper o envio de materiais de guerra dos EUA para o Vietnã do Norte através do bloco comunista europeu, porque esses suprimentos estavam sendo usados para matar soldados americanos. Mas boa parte do comércio do bloco é controlada pelos Rockefeller, e Nixon se contradisse e multiplicou-o muito. A imprensa, de modo muito natural, continua em silêncio a respeito do assassinato de soldados americanos por procuração.

O chefe (Rockfeller) e seus dois empregados – os três mosqueteiros do CRE: Kissinger e Rockefeller (acima), e, na página anterior, da esquerda para a direita, Nixon e Kissinger. Kissinger, de Harvard, foi feito presidente-adjunto virtual por Rockefeller, a cujo serviço esteve durante 12 anos. Kissinger também pertencia à equipe do CRE até entrar para o governo Nixon. Ele era a própria encarnação de tudo aquilo que Nixon denunciara na campanha de 1968. Isto explica por que o republicano mudou de ideia a respeito de tantas coisas. Uma das pessoas que saudaram a sua guinada à esquerda foi Alger Hiss, o espião comunista que o presidente ajudara a condenar (*Chicago Tribune*, 25 de outubro de 1971). Foi o caso Hiss que catapultou Nixon – da obscuridade ao Senado, depois à vice-presidência e, finalmente, à Casa Branca.

CAPÍTULO 7
Pressão de cima e pressão de baixo

Richard Nixon, durante campanha eleitoral, 1968.

OS DESENHISTAS DE CENÁRIOS OFICIAIS DO *ESTABLISH-*
ment fizeram um trabalho maravilhoso desenhando Nixon como conservador. Infelizmente, porém, essa imagem tem um atraso de vinte anos. O senador Hugh Scott, da Pensilvânia, que era reconhecidamente de esquerda, vangloriou-se a um repórter certa vez: "[Os da esquerda] têm a ação, e os conservadores têm a retórica." Richard Nixon não conseguiria ter sido eleito se concorresse como esquerdista ao estilo Rockefeller, mas consegue ficar impune governando desse modo pelo simples motivo de que os desenhistas de cenários não chamam a atenção do público para o fato. O colunista Stewart Alsop, entretanto, escrevendo para uma sofisticada audiência de esquerdistas abonados, revela quem é o verdadeiro Nixon. Alsop alega que a atitude dos esquerdistas com relação a ele seria diferente se o julgassem pelas suas ações, e não pela sua antiga imagem. Bastaria que a resposta pavloviana ao nome de Nixon fosse eliminada, afirma Alsop, para que os militantes de esquerda percebessem que o presidente é um homem de esquerda. Assim, ele substitui o presidente Nixon

por um hipotético "presidente Esquerdista": "... Se o presidente Esquerdista estivesse de fato na Casa Branca, não é nem um pouco difícil imaginar as reações ao seu programa. A direita atacaria o presidente de esquerda por sair correndo do Vietnã, solapar as defesas americanas, ser fiscalmente irresponsável e rumar para o socialismo a galope. As quatro posições presidenciais listadas acima seriam louvadas com aleluias pela esquerda...

Entretanto, esta trata o presidente a tapas e pontapés enquanto a maioria dos conservadores mantém um melancólico silêncio e, assim, o governo recebe 'pouco crédito' por 'muitas conquistas genuínas'. Mas há outras razões especiais, que Pat Moynihan omitiu, pelas quais isso é assim."

Alsop explica em seguida como a reputação que Nixon tem de ser inimigo dos democratas de esquerda o ajuda a implementar o programa deles: "Por um lado, há uma espécie de conspiração inconsciente entre o presidente e seus inimigos naturais, os democratas de esquerda, para esconder o grau em que seu programa básico, deixando de lado afetações e retórica, é de fato o programa dos democratas de esquerda. Richard Nixon é o primeiro 'republicano verdadeiro' político profissional a ser eleito presidente em quarenta anos — e não é do interesse da esquerda dar crédito a tal presidente pelas iniciativas esquerdistas. Do mesmo modo, não é do interesse do presidente arriscar seu eleitorado conservador fomentando a ideia de que, no fim das contas, ele não é um 'verdadeiro republicano', mas apenas um esquerdista democrata com desconto...

Há muitos exemplos dessa ofuscação mútua que resulta do interesse mútuo. A retirada de meio milhão de homens do Vietnã é, muito obviamente, o maior recuo da história americana. Mas o presidente fala como se ela fosse, de algum modo, um progresso glorioso, garantia de uma 'paz justa e duradoura'. Quando o presidente — como qualquer comandante de um recuo — recorre a ações de espoliação para proteger sua minguante retaguarda, os militantes de esquerda vociferam que ele está 'perseguindo o falso brilho da vitória militar'.

... Quando o presidente reduz a verdadeira força militar de maneira mais acentuada do que se fez em um quarto de século, os de esquerda o atacam por não conseguir 'reorganizar as prioridades'. O presidente, com a sua retórica de 'defesa forte', joga o mesmo jogo. O resultado, notou com exatidão John Kenneth Galbraith recentemente, é que 'a maior parte das pessoas e talvez a maior parte dos congressistas acredita que o governo está mimando o Pentágono ainda mais que os democratas', o que é o exato oposto da verdade..."

Alsop continua aquela que é, provavelmente, a coluna mais devastadora já escrita sobre Richard Nixon observando o papel desempenhado pela grande mídia na retratação de uma imagem do presidente que é o oposto da verdadeira: "... Há também um elemento humano neste exercício de ofuscação mútua. Para aqueles alinhados com a esquerda, sobretudo os comentaristas esquerdistas que dominam a mídia, Richard Nixon é o Dr. Rei. ('A razão eu não sei, mas isto direi, que muito bem sei: eu não gosto de ti, Dr. Rei.')* Não espanta. Não muito tempo atrás, Richard M. Nixon era um dos conservadores republicanos profissionais mais eficientes — e menos simpáticos — da era McCarthy."

O colunista, membro ele próprio da organização socialista Americans for Democratic Action [Americanos a favor da ação democrática], especula o que o "velho Nixon" teria a dizer do "novo Nixon": "... pelo seu histórico passado, não é nem um pouco difícil imaginar R. M. Nixon liderando o ataque ao presidente pela 'fuga do Vietnã', pela 'irresponsabilidade fiscal', pelo 'socialismo galopante' e todo o resto. Assim, como se pode esperar que Nixon defenda o programa do presidente Esquerdista com a ardorosa convicção com que um presidente Robert Kennedy, digamos, o teria defendido?"

Alsop revelou o *verdadeiro* Richard Nixon e ficou obviamente satisfeito. Quem votou em Nixon, porém, não deve ter ficado muito feliz. Quem gostava do Nixon que disputou a presidência não pode, se for coerente, gostar do Nixon que é presidente. Nixon e os outros "moderados" transformaram o elefante republicano em um burro em pele de elefante.** No dia 19 de junho de 1959, o vice-presidente Nixon tripudiou: "Em

---

* A referência é a uma cantiga de roda inglesa cuja autoria se atribui ao poeta Tom Brown, em 1680. O verso original é o seguinte: *"The reason why I cannot tell, but this I know and know full well, I do not like thee, Dr. Fell"*. (N.T.)

** O símbolo do Partido Republicano é um elefante, e o do Partido Democrata é um burro. (N.T.)

suma, o governo republicano fez aquilo que os democratas haviam prometido." Parece que está acontecendo de novo!

Um ano e meio antes, Nixon entoava uma canção diferente: "Se não tivermos nada a oferecer a não ser uma desbotada cópia em carbono do New Deal, se a nossa única proposta for conquistar e conservar o poder, o Partido Republicano não tem mais nenhum motivo para existir e deve sair do mercado."

O "Plano de Jogo" de Nixon, como observa alegremente o professor John Kenneth Galbraith, de Harvard, é o SOCIALISMO. O "Plano de Jogo" de Nixon é infinitamente mais astuto e perigoso do que o dos seus predecessores, porque se mascara como o oposto do que é.

Nixon está ciente de que a maioria dos americanos tem medo de "governo inchado", pois uma pesquisa da Gallup de agosto de 1968 mostrou que 46 por cento deles acreditam que o "inchaço do governo" é "a maior ameaça ao país". A Gallup comentou o seguinte: "Embora o inchaço do governo seja o alvo preferido dos republicanos há anos, democratas de base são quase tão críticos do crescimento do poder federal quanto os republicanos." Identificando essa postura, Nixon dirigiu boa parte da sua retórica de campanha ao ataque do Estado-Babá. O governo Nixon, entretanto, deu enormes passos para concentrar ainda mais autoridade no "pináculo do poder" federal. (Ver Quadro 3.)

Enquanto centralizava o poder num ritmo que faria Hubert Humphrey corar, Nixon continuou a vocalizar a defesa da descentralização. Durante o primeiro ano do seu governo, anunciou o "Novo Federalismo" (nome tirado do título de um livro de Nelson Rockefeller). A primeira parte do "Novo Federalismo" é o Family Assistance Program [Programa de auxílio à família], que iria, ao contrário do que o presidente prometera na campanha, garantir uma renda mínima anual. Baseado em sugestões de John Gardner, da lista do CRE, e de Daniel Moynihan, membro do conselho diretor da organização socialista ADA, o FAP dobraria o número de pessoas recebedoras de auxílio governamental e aumentaria enormemente o poder do ramo executivo do governo federal. O periódico esquerdista *New Republic* saudou o projeto, classificando-o de "socialismo graduado".

O segundo maior segmento do "Novo Federalismo" do presidente é a repartição de receitas com os estados, exaltada como um passo na descentralização de poder no governo federal. Na realidade, o programa faz exatamente o contrário. O dinheiro precisará ir primeiro dos estados a Washington antes de poder ser repartido. Como observou o colunista James J. Kilpatrick: "... é tão certo que o poder de controle segue o dólar federal quanto o famoso carneiro acompanha a pequena Maria."* Assim que os governos estaduais e municipais ficarem presos aos fundos federais, os controles entrarão em ação, exatamente como aconteceu com a educação e a agricultura. Todas as áreas que o governo tenta controlar ele primeiro subsidia. Não se pode descentralizar o governo centralizando a cobrança de impostos. O *slogan* de Nixon, "poder para o povo", na verdade significa "poder para o presidente".

O presidente da Comissão de Meios e Modos da Câmara, Wilbur Mills, chamou o plano de repartição de receitas de uma "armadilha" que "pode tornar-se uma grande arma contra a independência dos governos municipais e estaduais". O plano, disse Mills, "vai em direção ao governo centralizado".

Mas Nixon é muito esperto. Na mensagem sobre o Estado da União de 1971, aquela em que usou o *slogan* comunista "poder para o povo", o presidente disse: "Nós de Washington enfim conseguiremos fornecer um governo que é verdadeiramente para o povo. Eu reconheço que o que estou pedindo é não apenas que o braço executivo em Washington, mas também este Congresso, mude e ceda um pouco de poder."

Soa razoável, não é? O braço executivo abdicará de um pouco de poder e o Congresso abdicará de um pouco de poder e o povo ganhará esses poderes, que retornarão a ele. Certo? Errado! Isso não passa de um truque verbal. Observe a precisão da linguagem de Nixon. Ele fala a respeito de "o braço executivo *em Washington*" ceder poder. Três dias depois, quando foi anunciado que o país seria dividido em dez distritos federais, ficou claro por que ele acrescentou o adjunto aparentemente redundante "em Washington". Esses distritos federais seriam, em breve, usados para

---

* *Mary Had a Little Lamb* ("Maria tinha um carneirinho") é uma música infantil americana do século XIX, cuja letra é atribuída a Sarah Josepha Hale.

administrar o controle de preços e salários que centraliza no governo federal poder quase completo sobre a economia.

Para muitos analistas políticos, o fato mais chocante do último ano foi a admissão do presidente Richard Nixon ao jornalista Howard K. Smith de que é, "atualmente, um keynesiano em economia". Mais tarde, o abalado Smith comentou: "É como se um cruzado de Cristo dissesse: 'Pensando bem, acho que Maomé estava certo.'" Howard K. Smith tinha plena consciência de que a declaração de Nixon equivalia a dizer: "Atualmente, eu sou socialista." O economista inglês John Maynard Keynes, que era socialista fabiano, vangloriava-se de promover a "eutanásia do capitalismo".

Em geral, os estudiosos dessa conspiração na Inglaterra acreditam que Keynes escreveu o seu *Teoria geral do emprego, do juro e da moeda* por encomenda de certos *Adeptos* do capital internacional que o contrataram para forjar uma justificativa pseudocientífica para os gastos governamentais deficitários — exatamente como a misteriosa Liga dos Homens Justos contratou Karl Marx para escrever *O manifesto comunista*. Quanto mais um governo se endivida, mais juros são pagos para os poderosos *Adeptos* que, pelo simples expediente de fazer lançamentos contábeis, "criam" dinheiro para comprar títulos governamentais. Caso contrário, você pode apostar seu último tostão que os *Adeptos* do sistema bancário internacional fariam oposição violenta ao deficit inflacionário.

No dia 3 de fevereiro de 1971, James Reston (CRE) exclamou em sua coluna publicada em vários jornais do mundo: "O orçamento de Nixon é tão complexo, tão diferente do Nixon do passado, tão contrário ao Partido Republicano, que desafia a análise racional... O orçamento de Nixon é mais planejado, contém mais programas sociais e tem previsão de débito maior do que qualquer outro orçamento deste século."

Ao longo de 1967, enquanto concorria às primárias, Richard Nixon transformou os gastos exorbitantes dos democratas no seu tema de campanha número dois, logo atrás do fracasso dos democratas em vencer a Guerra do Vietnã. O orçamento de Johnson em 1967 fora de US$ 158,6 bilhões, que na época parecia astronômico. Nixon afirmou que se essa quantia não fosse reduzida em pelo menos 10 bilhões de dólares, o país enfrentaria um desastre financeiro. Numa época em que a Guerra do

Vietnã era um ralo financeiro muito maior do que é hoje, Nixon argumentou que o gasto do país deveria ser de cerca de 150 bilhões de dólares. Depois de gastar 230 bilhões de dólares, Nixon apresentou no Congresso projetos de lei de aumentar o Orçamento Fiscal de 1972 (de julho de 1971 a julho de 1972) para 250 bilhões de dólares.

A questão é que o homem que fez campanha como o sr. Frugal em 1968 estava, no seu terceiro ano de mandato, gastando entre 80 bilhões a 100 bilhões de dólares a mais do que disse que seu antecessor deveria gastar. E alguns especialistas previam que a cifra pudesse chegar a cerca de 275 bilhões de dólares no ano que vem.

Este é o mesmo Richard Nixon que declarou em Dallas, no dia 11 de outubro de 1968, que "os Estados Unidos não podem bancar quatro anos de Hubert Humphrey na Casa Branca", porque Humphrey defendia programas que causariam "uma gastança que levaria este país à falência". O candidato Nixon passou uma descompostura no governo Johnson por não conseguir "cortar os gastos deficitários que são a causa da inflação atual". O deficit orçamentário, afirmou, "está no coração dos nossos problemas". De sua própria parte, ele renunciava a qualquer "elevação substancial" dos gastos federais. "Esta é uma prescrição para mais inflação", disse Nixon. "Acredito que também seja uma prescrição para o desastre econômico."

Enquanto Johnson levou cinco anos para incorrer em um deficit de 55 bilhões de dólares, o senador Harry Byrd observa que o deficit acumulado nos primeiros *três* anos de Nixon chegará a no mínimo 88 bilhões de dólares. Especialistas do Congresso predizem que Nixon pode aumentar a quantia em que o país está no vermelho em 124 bilhões de dólares apenas neste mandato.

Para frear a inflação, Nixon instituiu controle de preços e salários. A maioria dos americanos, cansada de ver seu poder de compra afundar cada vez mais, aprovou em massa. Mas isso é porque a maioria das pessoas não sabe quais são as verdadeiras causas da inflação. E você pode ter certeza de que os desenhistas de cenários do *establishment* não vão explicar. A verdade é que há uma diferença entre inflação e a espiral de preços e salários. Quando o governo incorre em deficit, põe-se em circulação a quantia do deficit em dinheiro novo. À medida que esse novo dinheiro perpassa a economia, ele joga os preços e os salários para cima. É fácil de entender se pensarmos na economia como um leilão gigante. Como em qualquer outro leilão, se os arrematadores receberem de repente uma oferta maior de dinheiro, eles o usarão para fazer lances maiores, o que jogará os preços para o alto. A inflação, na realidade, é um aumento da oferta de dinheiro. Ela causa a espiral de preços e salários que recebe o rótulo equivocado de *inflação*. Não se pode ter uma espiral de preços e salários sem aumento da oferta de dinheiro para pagá-los. Não é apenas economia, é física. Não se pode encher um galão de água com um copo de leite. Dizer que a espiral de preços e salários causa inflação é como dizer que ruas molhadas causam chuva. Nixon, ao contrário da vasta maioria do público americano, sabe perfeitamente bem quais são as verdadeiras causas da "inflação". Ele as explicou claramente no dia 27 de janeiro de 1970: "A inflação que temos no início da década de 1970 foi causada pelo pesado gasto deficitário da década de 1960. Na última década, o governo federal gastou mais do que recebeu — 57 bilhões a mais. Esse deficit fez com que os preços subissem 25 por cento em uma década."

As empresas culpam os sindicatos pela "inflação", e os sindicatos jogam a culpa pela "inflação" nas empresas, mas apenas o governo pode causar "inflação".

Supostamente para resolver um problema que Nixon (e Johnson) criou, incorrendo em enormes deficits, Nixon atrelou controles de preços e salários à economia. Se quisesse sinceramente frear a "inflação", ele estabeleceria controles de preços e salários não para o resto das pessoas, mas para o governo, interrompendo o gasto deficitário. O povo está aplaudindo Nixon porque ele "fez alguma coisa". É como aplaudir o motorista que deu um tiro no pedestre que acabara de atropelar.

O controle de preços e salários é o coração mesmo do socialismo. É impossível implementar um governo totalitário sem controle de preços e salários, e é impossível um país ser livre com ele. Por quê? Não se pode escravizar um povo que tem liberdade econômica. Enquanto o povo tiver liberdade econômica, será livre. Controle de preços e salários é controle de pessoas. No discurso em que explicou a Fase II do programa, o presidente deixou claro que, de agora em diante, o controle de preços e salários por noventa dias permanecerá em vigor, seja qual for o disfarce com que apareça. É um grande passo rumo à implementação de um braço executivo todo-poderoso do governo federal.

Depois de implementar os Estados Socialistas Unidos da América (de fato se não em nome), o próximo passo dos *Adeptos* será a Grande Fusão de todos os países em um governo ditatorial mundial. Esta foi a principal razão por trás da pressão para levar a China comunista para as Nações Unidas. Para controlar os recursos naturais, os transportes, o comércio e as operações bancárias de todo o mundo, é preciso pôr todos debaixo do mesmo teto.

O código dos *Adeptos* para o supraestado mundial é "nova ordem mundial", expressão usada com frequência por Richard Nixon. No seu *Study Nº 7*, o Conselho das Relações Exteriores afirma: "Os Estados Unidos devem lutar para: A. CONSTRUIR UMA NOVA ORDEM INTERNACIONAL (maiúsculas no original)." O porta-voz do *establishment* James Reston (CRE) declarou na sua coluna no *New York Times*, em 21 de maio de 1971: "Nixon obviamente desejaria presidir à criação de uma nova ordem mundial e acredita que terá a oportunidade de fazê-lo nos últimos vinte meses do seu primeiro mandato."

O governo mundial sempre foi um propósito dos comunistas. Em 1915, no número 40 do órgão russo *O democrata socialista*, Lênin propôs a criação dos "Estados Unidos do Mundo". O programa da Internacional Comunista de 1936 afirma que uma ditadura mundial "só pode ser implementada pela vitória do socialismo em diferentes países ou grupos de países, depois da qual as Repúblicas do Proletariado se uniriam na esfera federal com aquelas já em existência, e esse sistema se expandiria... formando finalmente a união mundial das Repúblicas Socialistas Soviéticas."

Um dos mais importantes grupos a estimular a "união mundial" é o United World Federalists [Federalistas do mundo unido], cuja lista de membros é enormemente entrelaçada com a do Conselho das Relações Exteriores. O UWF defende a transformação da ONU em um governo mundial pleno com a inclusão dos países comunistas.

Richard Nixon, óbvio, é inteligente demais para ingressar concretamente no UWF, mas apoia o programa legislativo do grupo desde seus primeiros dias no Congresso. Na página 14 do número de outubro de 1948 do *World Government News*, publicação do UWF, aparece o seguinte anúncio: "Richard Nixon: Apresentou a resolução do governo mundial (HCR 68) de 1947 e a resolução ABC (governo mundial) de 1948".

Como eles desejam universalmente a paz, o governo mundial tem um grande encanto emocional para os americanos. Assim, os *Adeptos* fazem com que os comunistas empunhem as espadas com uma das mãos e estendam o ramo de oliveira com a outra. Naturalmente, todo o mundo gravita em torno do ramo de oliveira, sem perceber que ele é controlado por outro braço da entidade que está empunhando as espadas.

Em setembro de 1968, os candidatos a cargos públicos receberam uma carta do United World Federalists que afirmava: "Nossa organização foi endossada e elogiada por todos os presidentes americanos nos últimos vinte anos e pelos atuais indicados para a presidência. Citamos os seguintes exemplos:

Richard Nixon: 'A organização de vocês pode exercer um importante papel ao continuar a enfatizar que a paz mundial só pode acontecer por meio de leis mundiais. Nosso objetivo é a paz mundial. Nossos instrumentos para alcançar a paz serão a lei e a justiça. Se concentrarmos nossas energias nesses fins, tenho esperanças de que se poderá obter progresso real.'

Hubert Humphrey: 'Todos têm o compromisso de favorecer a irmandade entre todas as nações, mas ninguém luta por esse objetivo com mais dignidade e dedicação do que o United World Federalists.'"

Não há de fato nenhuma diferença. A escolha dos eleitores foi entre o defensor do governo mundial do CRE Nixon e o defensor do governo mundial do CRE Humphrey. Apenas a retórica foi alterada para ludibriar o público.

Um governo mundial requer uma corte suprema mundial, e há registros de Nixon posicionando-se a favor de uma corte suprema mundial. Um governo mundial precisa ainda de uma polícia mundial para impor suas leis e impedir que os escravos se rebelem. O *Los Angeles Examiner* de 28 de outubro de 1950 noticiou que o congressista Richard Nixon apresentara uma "resolução clamando pela implementação de uma força policial das Nações Unidas...".

Naturalmente, os *Adeptos* continuam preparando seus planejadores de estimação para administrar sua ditadura mundial. Debaixo de uma imensa cúpula geodésica na Southern Illinois University, encontra-se um mapa completamente detalhado do mundo, que ocupa o espaço de três campos de futebol americano. Operando com bolsas das fundações Ford, Carnegie e Rockefeller (todas amplamente interligadas ao CRE), uma bateria de cientistas, que vai de geógrafos, psicólogos e cientistas comportamentais a cientistas naturais, biólogos, bioquímicos e agrônomos, faz planos para controlar as pessoas. Esses planejadores de elite conduzem exercícios do que chamam de "o jogo do mundo". Por exemplo: há pessoas demais no País A e poucas pessoas no País B. Como se deslocam pessoas do País A para o País B? Precisamos de tantos machos, tantas fêmeas, tantos dessa ocupação, tantos daquela ocupação, tantos dessa idade e tantos daquela idade. Como se pode tirar essas pessoas do País A e estabelecê-las no País B no menor intervalo de tempo possível? Outro exemplo: Há um levante no País C (ou, como ele seria chamado, Distrito C). Quanto tempo leva para enviar forças de "paz" para frear a insurgência?

O pessoal do Jogo do Mundo faz exercícios de controle global. Quem planeja governar o mundo não pode deixar as coisas ao acaso. É por isso que os *Adeptos* das fundações Ford, Carnegie e Rockefeller fazem seus planos. O verdadeiro nome do jogo é 1984. Para aplicar esses planos, porém, é preciso ter um governo mundial todo-poderoso. Não se pode fazer isso se as nações individuais tiverem soberania. E antes que se possa realizar a Grande Fusão, é preciso centralizar o controle dentro de cada país, destruir a polícia local e remover as armas das mãos dos cidadãos. É preciso substituir a nossa República constitucional, outrora livre, por um governo central todo-poderoso. Todas as ações de qualquer importância, a despeito da cortina de fumaça, centralizaram mais poder no que está aceleradamente se tornando um governo central totalitário.

O que estamos testemunhando é a tática comunista de criar *pressão de cima e pressão de baixo*, descrita pelo historiador comunista Jan Kozak como o instrumento usado pelos vermelhos para obter controle da Tchecoslováquia. A pressão de cima vem dos camaradas secretos, aparentemente respeitáveis, no governo e no *establishment*, formando, com as multidões radicalizadas nas ruas abaixo, uma gigantesca pinça ao redor da classe média. Os agitadores de rua são fantoches, marionetes, serviçais e otários nas mãos de uma oligarquia de conspiradores elitistas operando desde cima para transformar o governo limitado dos EUA em um governo sem limites com controle total da vida e das propriedades do povo.

Assim, a classe média americana está sendo espremida até a morte por um torno (ver Quadro 9). Temos nas ruas grupos declaradamente revolucionários como o Students for a Democratic Society [Estudantes por uma sociedade democrática] (que foi fundado pela League for Industrial Democracy [Liga pela democracia industrial], um grupo que tem fortes laços com o CRE), os Panteras Negras, os hippies, a Young Socialist Alliance [Aliança socialista jovem]. Esses grupos entoam que se os americanos não "mudarem" o país, irão perdê-lo. "Mudança" é uma palavra que ouvimos sem parar. Com "mudança", esses grupos querem dizer socialismo. Virtualmente todos os seus membros acreditam sinceramente estar lutando contra o *establishment*. Na realidade, eles são aliados indispensáveis do *establishment* para nos prender a todos com o socialismo. Os radicais ingênuos acreditam que o "povo" controlará tudo no socialismo. Na verdade, um círculo de *Adeptos* é que terá controle total, consolidando e controlando toda a riqueza. É por isso que se permite aos lênins de jardim de infância e aos trótskis adolescentes continuarem a andar por aí sem praticamente nunca serem presos nem processados. Se o *establishment* quisesse que os revolucionários fossem freados, por quanto tempo será que eles seriam tolerados?

Ao contrário, sabemos que a maioria desses radicais é beneficiária das grandes fundações ou recebe dinheiro do governo através do programa Guerra à Pobreza. O que acontece é que os *Adeptos* do CRE, da família Rothschild e da família Rockefeller que estão no topo "rendem-se às demandas" pelo socialismo das multidões que estão embaixo. Os radicais estão fazendo o jogo daqueles que mais odeiam.

Lembre-se da acusação de Bakunin de que os seguidores de Marx tinham um pé no banco e outro no movimento socialista. Indicativos adicionais de que o *establishment* financia a organização comunista Students for a Democratic Society são fornecidos no livro *The Strawberry Statement: Notes of A College Revolutionary* [A declaração de morango: notas de um revolucionário universitário], de James Kunen. Ao descrever os eventos da convenção nacional da organização, em 1968, Kunen afirma: "Também

QUADRO 9

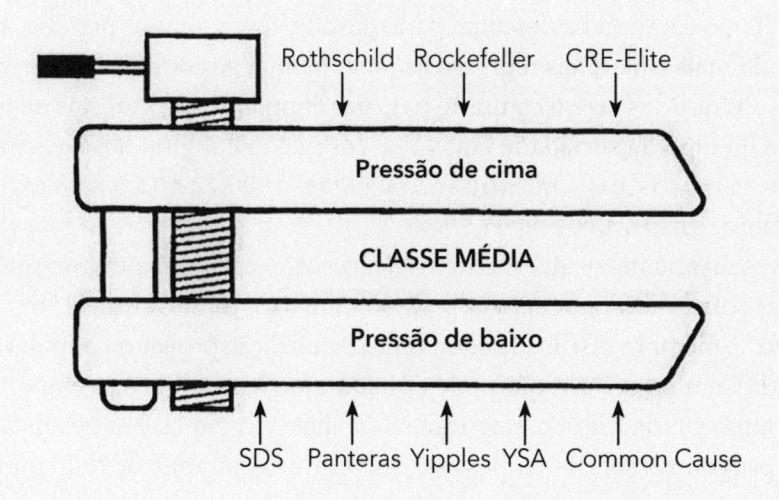

na convenção, homens das Business International Roundtables — as reuniões patrocinadas pela Business International para seus clientes e chefes de governo — tentaram comprar alguns radicais. Esses homens são os principais industriais do mundo e se congregam para decidir como serão as nossas vidas. Eles são os meninos que escreveram a Aliança para o Progresso. São a esquerda da classe dominante.

Eles concordaram conosco a respeito do poder dos negros e do poder dos estudantes...

Eles querem McCarthy dentro. Veem o fascismo como uma ameaça, veem-no surgindo com Wallace. A única maneira pela qual McCarthy poderia vencer seria se os malucões e os jovens radicais criassem problemas e fizessem Eugene McCarthy parecer mais razoável. Eles se ofereceram para financiar nossos protestos em Chicago. Também nos ofereceram dinheiro da Esso (Rockefeller). Querem que a gente crie muito barulho e radicalismo, de modo que eles possam parecer estar no centro enquanto se deslocam para a esquerda."

ESTA É A ESTRATÉGIA. OS DESENHISTAS DE CENÁRIOS DIRECIONAM A SUA ATENÇÃO PARA AS CRIANÇAS NA RUA ENQUANTO O VERDADEIRO PERIGO VEM DE CIMA.

Como observou Frank Capell em *The Review Of The News*: "Claro que sabemos que esses estudantes radicais não vão tomar o governo. O que eles farão é fornecer a desculpa para que o governo tome as pessoas, aprovando mais e mais leis repressivas para 'manter as coisas sob controle'."

Os radicais fazem confusão nas ruas enquanto os socialistas de limusine no topo da sociedade em Nova York e Washington nos socializam. NÓS TEREMOS UMA DITADURA DA ELITE DISFARÇADA DE DITADURA DO PROLETARIADO.

Atualmente, os *Adeptos* do *establishment* estão adotando um método mais sofisticado para aplicar pressão de baixo. John Gardner, "republicano" e membro do CRE, fundou uma organização proletária popular chamada Common Cause, que pode vir a tornar-se a maior e a mais importante organização da história americana. Sua meta é organizar os beneficiários de programas sociais, as pessoas que nunca votaram e os militantes de esquerda para fazer *lobby* pelo socialismo. Esse *lobby* não apenas fará pressão sobre o Congresso pela aprovação de leis de cunho socialista, mas também terá poder de voto nas eleições. Supostamente, a Common Core é o epítome da postura contrária ao *establishment*, mas quem paga as contas? Os radicais *Adeptos* de elite no topo. O principal financiador desse grupo que pretende derrubar os super-ricos e distribuir suas fortunas para os pobres é John D. Rockefeller III. Outros financiadores importantes são Andrew Heiskell (CRE), presidente do conselho da Time, Inc.; Thomas Watson (CRE), presidente do conselho da IBM; John Whitney (CRE), da Standard Oil; Sol Linowitz (CRE), presidente do conselho da Xerox; e Gardner Cowles (CRE), das publicações Cowles. Em qualquer organização, aquele que paga as contas é o chefe. Os outros são seus empregados.

Que melhor prova poderia haver de que o socialismo não é um movimento das massas oprimidas, e sim de elitistas famintos de poder? Os pobres são apenas fantoches no jogo. Desnecessário dizer, os desenhistas de cenários ocultam os protetores financeiros da Common Cause, de modo que apenas quem compreende que o plano de jogo do *establishment* é o SOCIALISMO entende o que está se passando diante de seus próprios olhos.

CAPÍTULO 8
A resposta é você

MUITAS PESSOAS NÃO CONSEGUEM DEIXAR DE RACIO-
nalizar. Assim, depois de ler este livro, algumas se queixarão de que não
há esperanças para a situação. Serão os mesmos indivíduos que, antes de
ler este livro, não acreditavam que os problemas que contemplamos eram
sérios de verdade. Tem gente que acorda e desiste na mesma semana.
Isto, claro, é exatamente o que os *Adeptos* querem que você faça.

A conspiração pode ser derrotada. Os *Adeptos* não são onipotentes. É
verdade que controlam parcelas importantes do governo federal, do grande
capital e da mídia de massas, mas não controlam tudo; caso contrário, o torno
teria se fechado. Podemos dizer que a conspiração controla tudo, exceto você.
Desde que esteja disposto a lutar, *você* é o calcanhar de Aquiles deles. Há um
velho clichê no mundo dos esportes segundo o qual os desistentes nunca
vencem e os vencedores nunca desistem. Precisamos de um milhão de pessoas que não desistam e, mais do que isso, que tenham vontade de vencer!

É claro que não é possível resistir à conspiração de frente... tentando
enfrentá-la no terreno dela. Mas os *Adeptos* são vulneráveis a dribles. Se

quiser, você, assim como milhares de outros como você, pode driblar a conspiração. Nosso propósito neste capítulo final é mostrar por que e como é possível fazê-lo.

A única coisa a que esses conspiradores não podem sobreviver é o desmascaramento. Os *Adeptos* conseguem o que querem apenas porque um número ínfimo das suas vítimas sabe o que está sendo planejado e como os planos estão sendo executados. As conspirações só podem agir no escuro. Uma vez que uma minoria relevante do povo se torne consciente da conspiração e do que ela pretende, as muitas décadas de planejamento e trabalho paciente dos *Adeptos* serão destruídas em um intervalo de tempo surpreendentemente curto.

A tarefa é, em grande medida, uma questão de fazer com que os outros percebam que foram e continuam a ser enganados. Mas antes de começar a trabalhar, apontando os fatos sobre a conspiração para os outros, é necessário que você mesmo os conheça. Este livro foi arquitetado para fornecer esses fatos, e pode ser a sua maior ferramenta. Ele está disponível em áudio, para que você possa virtualmente memorizar seu conteúdo ouvindo-o repetidamente enquanto lava a louça ou dirige. A ideia de um exército de indivíduos dedicados a desmascarar "a conspiração" deixa os *Adeptos* em pânico, porque funciona fora dos canais controlados por eles.

Richard Nixon disse o seguinte a respeito do Partido Republicano: "Precisamos de uma tenda na qual todos possam entrar." Os democratas, obviamente, acreditam nisso há muito tempo.

Mas um partido deve basear-se em princípios, caso contrário sua existência não se justifica. Trazer socialistas para o Partido Republicano pode teoricamente ampliar a base, mas, na realidade, serve apenas para cassar os direitos daqueles que acreditam em uma república constitucional e no sistema de livre-iniciativa.

Não é nada mais que lógico que os *Adeptos* tentassem aplicar o golpe de misericórdia nos EUA por meio de um presidente republicano, simplesmente porque a maior parte das pessoas não consegue acreditar que um presidente republicano possa "pegar leve com o comunismo" nem ameaçar nossa liberdade e nossa soberania. Os cães de guarda tendem a ir dormir quando um presidente republicano está no governo.

Os democratas e os republicanos precisam quebrar o controle que os *Adeptos* têm sobre seus respectivos partidos. Os sujeitos do CRE e os bajuladores e alpinistas sociais que os apoiam devem ser convidados a retirar-se, caso contrário os patriotas é que deverão se retirar.

Depende de você colocar os políticos na linha e fazer dos *Adeptos* do CRE um tema de campanha. Isto pode ser feito com facilidade mediante a criação da base de pensamento que se oporá a eles. É preciso forçar os socialistas a se reunirem em um partido. A conspiração não deseja a distinção clara entre ideologias partidárias que resultaria disso. Deseja, antes, que as diferenças entre os partidos sejam cinza e nubladas, centrando-se em personalidades, não em princípios, pois nenhum dos dois partidos pode se posicionar vigorosamente contra o socialismo enquanto estiver implementando programas socialistas. E é assim que os *Adeptos* querem que seja.

A questão é, muito simplesmente, a possibilidade de que você e seus filhos sejam escravizados. Só porque muitos *Adeptos* são, em teoria, americanos, não imagine que eles pouparão os EUA do terror que levaram a outros trinta países por meio de seus bandidos comunistas contratados. A pátria dos *Adeptos* é o mundo, e eles são fiéis apenas a si mesmos e a seus companheiros conspiradores. Ser americano significa tanto para eles quanto ser cidadão honorário de Bali significaria para você. Não lhes perturba nem um pouquinho a consciência que milhões de seres humanos, inclusive dezenas de milhares de americanos, tenham sido assassinados no Vietnã. Para consolidar o poder nos Estados Unidos, eles precisarão fazer aqui a mesma coisa que fizeram em outros países: implantar e conservar a ditadura por meio, sobretudo, de severo terror. O terror não termina com a derrubada completa da República. Ao contrário: é aí que ele começa... pois o terror total, generalizado, é absolutamente necessário para que ditaduras se mantenham no poder. E terror não significa apenas punir os inimigos da Nova Ordem Mundial. O terror requer matar e prender pessoas ao acaso... até muitas daquelas que ajudaram os ditadores a tomar o poder.

Quem é complacente e espera escapar do terror por não ter se envolvido em política nem resistido à ascensão da Nova Ordem deve ser levado por você a entender que essa necessidade absoluta de terror inclui especificamente a *ele*... que não lhe será possível escapar por não ter feito nada.

O que se pode esperar da conspiração pelos próximos anos? Eis aqui 14 indicadores do caminho para a servidão compilados alguns anos atrás pelo historiador Warren Carroll e por Mike Djordjevich, refugiado da Iugoslávia comunista. A lista não está em nenhuma ordem específica, nem tem a ordem aqui nenhum significado particular. No entanto, a imposição de qualquer uma dessas novas restrições à liberdade (nenhuma das quais estava em vigor quando a lista foi compilada) seria uma advertência clara de que o Estado totalitário está muito próximo; e uma vez que um número significativo delas — cinco, talvez — tenha sido imposto, poderemos concluir racionalmente que o restante não estará muito longe, e que a luta pela liberdade e pela preservação da República nos Estados Unidos terá sido perdida.

14 INDICADORES DE ESCRAVIDÃO

1. Restrições a levar dinheiro para fora do país e à criação ou manutenção de contas bancárias em país estrangeiro.
2. Abolição da propriedade privada de armas.
3. Detenção de indivíduos sem processo judicial.
4. Exigências de que transações financeiras privadas sejam atreladas a números de registro social, identidade ou quaisquer outros por meio dos quais o governo possa identificá-las e registrá-las em um computador.
5. Uso de leis de educação compulsória para impedir a frequência às escolas privadas existentes.
6. Serviço não militar compulsório.
7. Tratamento psicológico compulsório para alunos de escolas públicas e pessoas que não sejam funcionários do governo.
8. Declaração oficial de que organizações anticomunistas são subversivas e ações legais para suprimi-las.
9. Leis que limitem o número de pessoas que podem se reunir em uma residência privada.
10. Qualquer mudança significativa para dificultar a obtenção ou o uso de passaportes.
11. Controle de preços e salários, especialmente em tempos de paz.
12. Qualquer tipo de registro compulsório no governo do local onde o indivíduo trabalha.
13. Qualquer tentativa de restringir a livre circulação dentro do país.
14. Qualquer tentativa de fazer uma nova lei relevante por decreto executivo (isto é, de fato executada, não apenas autorizada por ordens executivas existentes).

O presidente Nixon incorreu nos números 1, 11 e 14.

Os passos 2, 3, 6, 7, 9, 12 e 13 já foram propostos, e há grupos organizados fazendo campanha ativa em favor de alguns deles. A partir de 1º de janeiro de 1972, os bancos deverão reportar ao governo qualquer depósito ou saque de valores superiores a 5 mil dólares. O próximo passo será a restrição de levar dinheiro para fora do país. O Big Brother* está observando a sua conta bancária!

O aumento do controle governamental sobre muitos tipos de escolas privadas é proposto anualmente em muitas assembleias estaduais. O serviço não militar obrigatório — um alistamento obrigatório de todos os jovens, com apenas uma minoria direcionada às forças armadas — já foi discutido pelo governo Nixon como alternativa ao alistamento. Cursos de conscientização já são exigidos de um crescente número de funcionários públicos, professores e crianças. No longínquo ano de 1961, Victor Reuther propôs que grupos e organizações anticomunistas fossem investigados e colocados na lista de grupos subversivos do procurador-geral. A guerra de propaganda em curso para forçar o registro ou o confisco das armas de fogo é a prioridade número um de todos os coletivistas — um corpo de cidadãos armados é o maior obstáculo à implantação do totalitarismo nos Estados Unidos.

Você está nessa luta, quer queira, quer não. A não ser que seja um *Adepto*, você é uma vítima. Seja um milionário ou um pobretão, você tem muito a perder. Os *Adeptos* contam com o fato de que você estará preocupado demais com seus próprios problemas ou será preguiçoso demais para reagir enquanto os grilhões da escravidão são atados em você. Eles estão contando com a grande mídia para enganá-lo, amedrontá-lo ou ridicularizá-lo por tentar preservar a sua liberdade e, acima de tudo, estão contando que você pensará que vai conseguir escapar não fazendo nada para se opor ao controle deles. Estão considerando, ainda, que aqueles que têm ciência da conspiração se concentrarão tanto em observar cada movimento dela que a fascinação completa pelas suas maquinações os deixará incapazes de agir.

---

* *"Big Brother"*, o "Grande Irrnão" *ou* "Irmão Mais Velho", é um personagem fictício do romance *1984*, de George Orwell. Na sociedade descrita por Orwell, todas as pessoas estão sob constante vigilância das autoridades, principalmente por teletelas, sendo constantemente lembrados pela frase propaganda do Estado: "o Grande Irmão zela por ti" ou "o Grande Irmão está te observando" (do original *"Big Brother is watching you"*).

A escolha é sua. Você pode dizer: "Não é possível que aconteça aqui!" — mas, sem dúvida, quase todas as pessoas dentre o 1 bilhão daquelas que foram escravizadas pelo comunismo a partir de 1945 disseram a mesma coisa. Ou você pode ganhar de todo esse aparato conspiratório *driblando-o*. A escolha que está diante de você foi enunciada por Winston Churchill quando ele disse ao povo inglês: "Se não estiver disposto a lutar pelo que é correto quando pode vencer facilmente sem derramamento de sangue; se não estiver disposto a lutar quando a vitória será certa e não muito cara; você poderá chegar ao ponto em que terá de lutar com todas as probabilidades contra você e apenas uma chance precária de sobrevivência."

Como ignoramos advertência após advertência, chegamos, no momento, a esse ponto da história. Se não fizer sua parte agora, você enfrentará uma escolha adicional, também descrita por Churchill: "Pode haver um destino ainda pior. Você poderá ter de lutar quando não houver nenhuma esperança de vitória, porque é melhor perecer do que viver como escravo."

MEMBROS DO CONSELHO DAS RELAÇÕES EXTERIORES NOMEADOS E INDICADOS PELO PRESIDENTE NIXON PARA CARGOS NO GOVERNO

ALMIRANTE GEORGE W. ANDERSON JR,
Presidente do Comitê Presidencial de Aconselhamento de Inteligência Externa

DR. GEORGE P. BAKER,
Conselho Consultivo de Organização Executiva

GEORGE BALL,
Consultor de Política Estrangeira do Departamento de Estado

JACOB D. BEAM,
Embaixador na União Soviética

DAVID E. BELL,
Membro da Comissão Nacional de Crescimento Populacional e o Futuro Americano

TENENTE-GENERAL DONALD V. BENNETT,
Diretor da Agência de Inteligência de Defesa

CORONEL FRED BERGSTEN,
Membro do centro de comando do Conselho de Segurança Nacional

ROBERT O. BLAKE,
Embaixador no Mali

FRED J. BORCIL,
Membro da Comissão de Comércio Internacional e Política de Investimento

DR. HAROLD BROWN,
Comitê Consultivo Geral da Agência Americana de Controle de Armas e Desarmamento e membro sênior da delegação americana que negocia com a União Soviética a Limitação de Armas Estratégicas (SALT, na sigla em inglês para Strategic Arm Limitations)

WILLIAM B. BUFFUM,
Sub-representante nas Nações Unidas; embaixador no Líbano

ELLSWORTH BUNKER,
Embaixador no Vietnã do Sul

FREDERICK BURKHARDT,
Presidente da Comissão Nacional de Livrarias e Serviço de Informação

DR. ARTHUR BURNS,
Assessor do presidente – posteriormente, presidente do Conselho Diretor do Federal Reserve, sucedendo William McCheaney Martin, membro do CRE

HENRY A. BYROADE,
Embaixador nas Filipinas

LINCOLN P. BLOOMFIELD,
Membro da comissão presidencial para a observância do aniversário de 25 anos das Nações Unidas

COURTENEY BROWN,
Membro da Comissão de Comércio e Política de Investimento Internacionais

DAVID K. B. BRUCE,
Chefe da delegação americana nas negociações de paz com o Vietnã do Norte em Paris

HARLAN CLEVELAND,
Embaixador na OTAN

RICHARD N. COOPER,
Membro do centro de comando do Conselho de Segurança Nacional

PHILIP K. CROWE,
Embaixador na Noruega

GARDNER COWLES,
Conselho de Diretores do Centro Nacional para a Ação Voluntária

WILLIAM B. DALE,
Diretor executivo do Fundo Monetário Internacional

NATHANIEL DAVIS,
Embaixador no Chile

C. DOUGLAS DILLON,
Comitê Consultivo Geral da Agência Americana de Controle de Armas e Desarmamento

SEYMOUR M. FINGER,
Suplente na 25ª Sessão da Assembleia Geral das Nações Unidas

HARVEY S. FIRESTONE JR.,
Presidente do Conselho de Governadores da
United Service Organization, Inc.

WILLIAM C. FOSTER,
Comitê Consultivo Geral da Agência Americana
de Controle de Armas e Desarmamento

THOMAS S. GATES,
Presidente da Comissão para as Forças Armadas
Formadas por Voluntários

CARL J. GILBERT,
Representante especial para negociações
comerciais

GENERAL ANDREW J. GOODPASTER,
Comandante supremo do Exército Aliado na
Europa (sucedendo o general Lyman Lemnitzer,
também membro do CRE)

KERMIT GORDON,
Comitê Consultivo Geral da Agência Americana
de Controle de Armas e Desarmamento

JOSEPH ADOLPH GREENWALD,
Representante americano na Organização para
Cooperação e Desenvolvimento Econômico (OCDE)

GENERAL ALFRED M. GRUENTHER,
Comissão para as Forças Armadas Formadas por
Voluntários

JOHN W. GARDNER,
Conselho de Diretores do Centro Nacional para a
Ação Voluntária

RICHARD GARDNER,
Membro da Comissão de Comércio e Política de
Investimento Internacionais

T. KEITH GLENNAN,
Representante americano na Agência Internacional de Energia Atômica

GORDON GRAY,
Membro do Comitê Presidencial de Aconselha-
mento de Inteligência Externa; membro do
Conselho Consultivo de Defesa Civil

MORTON HALPERIN,
Membro do centro de comando do Conselho de
Segurança Nacional

CHRISTIAN A. HERTER JR.,
Comissário americano na Comissão Internacional Conjunta entre EUA e Canadá

REV. THEODORE M. HESBURGH,
Presidente da Comissão Americana para os
Direitos Civis; Comissão para as Forças Armadas
Formadas por Voluntários

SAMUEL P. HUNTINGTON,
Força Tarefa para o Desenvolvimento
Internacional

JOHN N. IRWIN II,
Emissário especial para discutir as relações entre
os Estados Unidos e o Peru

J. K. JAMIESON,
Membro do Conselho Nacional para o Controle
da Poluição Industrial

SEN. JACOB K. JAVITS,
Representante na 25ª Sessão da Assembleia
Geral da ONU

JOSEPH E. JOHNSON,
Representante suplente na 24ª Sessão da
Assembleia Geral da ONU

HOWARD W. JOHNSON,
Membro da Comissão Nacional de
Produtividade

JAMES R. KILLIAN,
Comitê Consultivo Geral da Agência Americana
de Controle de Armas e Desarmamento

WILLIAM R. KINTNER,
Membro do Conselho Diretor de Bolsas no Exterior

HENRY A. KISSINGER,
Assessor presidencial para questões de
segurança nacional. Principal conselheiro de
política externa

ANTONIE T. KNOPPERS,
Membro da Comissão de Comércio e Política de
Investimento Internacionais

GENERAL GEORGE A. LINCOLN,
Diretor do Escritório de Prontidão para
Emergências

HENRY CABOT LODGE,
Principal negociador nas Conferências de Paz de
Paris

GEORGE CABOT LODGE,
Corpo de Diretores do Inter-American Social
Development Institute

HENRY LOOMIS,
Vice-diretor da Agência Americana de
Informações

DOUGLAS MacARTHUR II,
Embaixador no Irã

ROBERT McCLINTOC
Embaixador na Venezuela

JOHN J. McCLOY,
Presidente do Comitê Consultivo Geral da
Agência Americana de Controle de Armas e
Desarmamento

PAUL W. McCRACKEN,
Presidente do Conselho de Consultores
Econômicos

EDWARD S. MASON,
Força Tarefa para o Desenvolvimento
Internacional

CHARLES A. MEYER,
Secretário adjunto de Estado

BRADFORD MILLS,
Presidente da Empresa de Investimentos
Privados Ultramarinos

FRANKLIN D. MURPHY,
Membro do Comitê Presidencial de Aconselhamento de Inteligência Externa

ROBERT D. MURPHY,
Assessor especial de relações internacionais

PAUL H. NITZE,
Membro sênior da delegação americana que
negocia com a União Soviética a Limitação de
Armas Estratégicas (SALT, na sigla em inglês para
Strategic Arm Limitations)

GENERAL LAURIS NORSTAD,
Comissão para as Forças Armadas Formadas por
Voluntários; membro do Comitê Consultivo
Geral da Agência Americana de Controle de
Armas e Desarmamento

ALFRED C. NEAL,
Membro da Comissão de Comércio e Política de
Investimento Internacionais

RODERIC L. O'CONNOR,
Administrador adjunto para a Ásia Oriental da
Agência para o Desenvolvimento Internacional

ROBERT E. OSGOOD,
Membro do centro de comando do Conselho de
Segurança Nacional

FRANK PACE JR.,
Membro do Comitê Presidencial de Aconselhamento de Inteligência Externa

RICHARD F. PEDERSEN,
Assessor do Departamento de Estado

JOHN R. PETTY,
Secretário adjunto do Tesouro para relações
internacionais

CHRISTOPHER H. PHILLIPS,
Representante suplente no Conselho de
Segurança da ONU

ALAN PIFER,
Assessor presidencial de finanças educacionais

SEN. CLAIBORNE PELL,
Representante na 25ª Sessão da Assembleia
Geral das Nações Unidas

ISIDOR I. RABI,
Assessor-geral na Comissão Presidencial de
Aconselhamento Científico

STANLEY R. RESOR,
Secretário do Exército

ELLIOT L. RICHARDSON,
Subsecretário de Estado – chefe do Departamento de Saúde, Educação e Bem-estar

JOHN RICHARDSON JR.,
Secretário adjunto de Estado para questões
educacionais e culturais

JAMES ROCHE,
Conselho de Diretores do Centro Nacional para a
Ação Voluntária; Comissão Nacional de
Produtividade

DAVID ROCKEFELLER,
Força-Tarefa para o Desenvolvimento
Internacional

NELSON A. ROCKEFELLER,
Chefe de uma missão presidencial para
determinar as visões dos líderes dos países da
América Latina

RODMAN ROCKEFELLER,
Membro do Conselho Consultivo para Empreendimentos Minoritários

ROBERT V. ROOSA,
Força-Tarefa para o Desenvolvimento
Internacional

KENNETH RUSH,
Embaixador na República Federal da Alemanha

DEAN RUSK,
Comitê Consultivo Geral da Agência Americana
de Controle de Armas e Desarmamento

JOHN D. ROCKEFELLER III,
Presidente da Comissão Nacional de Crescimento Populacional e o Futuro Americano

NATHANIEL SAMUELS,
Subsecretário de Estado interino

ADOLPH WILLIAM SCHMIDT,
Embaixador no Canadá

JOSEPH J. SISCO,
Secretário adjunto de Estado para o Oriente
Médio e o Sul da Ásia

DR. GLENN T. SEABORG,
Presidente da Comissão de Energia Atômica

GERARD SMITH,
Diretor da Agência Americana de Controle de
Armas e Desarmamento

HENRY DEW SMYTH,
Representante suplente na 13ª Sessão da
Conferência Geral da Agência de Energia
Atômica

HELMUT SONNENFELDT,
Membro do centro de comando do Conselho de
Segurança Nacional

JOHN R. STEVENSON,
Consultor legal do Departamento de Estado

FRANK STANTON,
Comissão Americana de Informações

ROBERT STRAUS-HUPE,
Embaixador no Ceilão e nas Maldívias

LEROY STINEBOWER,
Membro da Comissão de Comércio Internacional e Política de Investimento

MAXWELL D. TAYLOR,
Presidente do Comitê Presidencial de Aconselhamento de Inteligência Externa

LLEWELLYN THOMPSON,
Membro sênior da delegação americana que
negocia com a União Soviética a Limitação de
Armas Estratégicas (SALT, na sigla em inglês)

PHILIP H. TREZISE,
Secretário adjunto de Estado

CYRUS VANCE,
Comitê Consultivo Geral da Agência Americana
de Controle de Armas e Desarmamento

RAWLEIGH WARNER JR.,
Conselho de Curadores do Woodrow Wilson
International Center for Scholars

ARTHUR K. WATSON,
Embaixador na França

THOMAS WATSON,
Conselho de Diretores do Centro Nacional para a
Ação Voluntária

JOHN HAY WHITNEY,
Conselho de Diretores da Corporation for Public
Broadcasting

FRANCIS O. WILCOX,
Membro da comissão presidencial para a
observância do aniversário de 25 anos das
Nações Unidas

FRANKLIN HAYDN WILLIAMS,
Representante pessoal do presidente nas
Negociações do Estatuto Político Futuro do
Protetorado das Ilhas do Pacífico

WALTER WRISTON,
Membro da Comissão Nacional de
Produtividade

CHARLES W. YOST,
Embaixador nas Nações Unidas

ESTA OBRA FOI IMPRESSA

PLENA GRÁFICA PLENA PRINT

EM JULHO DE 2025